KB252591

2000년 조선일보광고대상 입상, 2001년 프랑스 칸 국제광고제 출품, 2001년 미국 클리오 광고제 '파이널 리스트' 작품

네가 흙으로 돌아갈 때까지 얼굴에 땀을 흘려야 먹을 것을 먹으리니 네가 그것에서 취함을
입었음이라 너는 흙이니 흙으로 돌아갈 것이니라 하시니라(창세기 3:19)   2017년 작.

수의에는
주머니가 없습니다

생선장사를 하시며 홀로 우리 남매를 키우신 어머니.
그 어머니께서 얼마 전 하늘나라로 가셨습니다.
장사가 잘 돼도, 장사가 안돼도
어머니의 주머니는 자주 비어 있었어요.
그때마다 어머니는 말씀하셨죠.
"부자든 가난한 사람이든 빈손으로 왔다가 빈손으로 가는 거야"
어머니는 가진 것을 가난한 이들과 나누며 사셨습니다.
그리고는,
빈손으로 행복의 나라로 떠나셨습니다.

수의에는 주머니가 없습니다.
이웃이 우리의 주머니입니다.

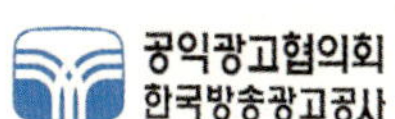

2005년 대한민국공익광고대상 입상작. 이웃사랑과 함께 나눔의 삶을 실천하자는 메시지를
콘셉트로 제작한 저자의 첫 복음광고 작품.

100−1=0

2007년 국민일보에 게재됐던 프랑스 칸 국제광고제 출품작. 궁금증을 일으키는 티저광고 시리즈

오직 예수 십자가로 살 때 축복(祝福) 보다 더 좋은 것은 죽복(死福) 입니다.
내 자아가 죽고, 세상적인 가치관이 죽고, 돈과 명예와 직분이 죽고
주님과 함께 사명 감당 하며 가는 그 길에는 나는 죽어도 행복합니다.
내가 그리스도와 함께 십자가에 못 박혔
그런즉 이제는 내가 산 것이 아니요 오직
이제 내가 육체 가운데 사는 것은 나를
자기 몸을 버리신 하나님의 아들을 믿는
(갈라디아서 2:20)

2009년 작. 일산 호수공원의 십자가 다리. 인간의 죄악으로 인해 단절된 하나님과의 사이를
예수 그리스도께서 십자가 화목제물이 되어주심으로써 구원의 다리가 되어주셨다.

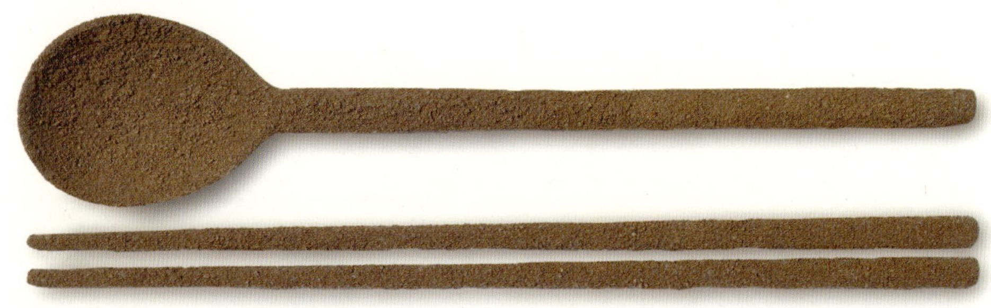

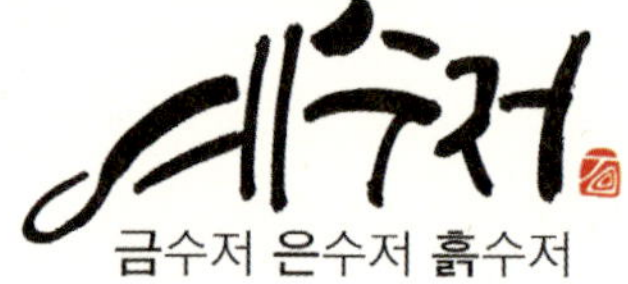

예수저

금수저 은수저 흙수저

여호와여 주는 우리 아버지시니이다 우리는 진흙이요 주는 토기장이시니 우리는 다 주의 손으로 지으신 것이라 (이사야 64:8)

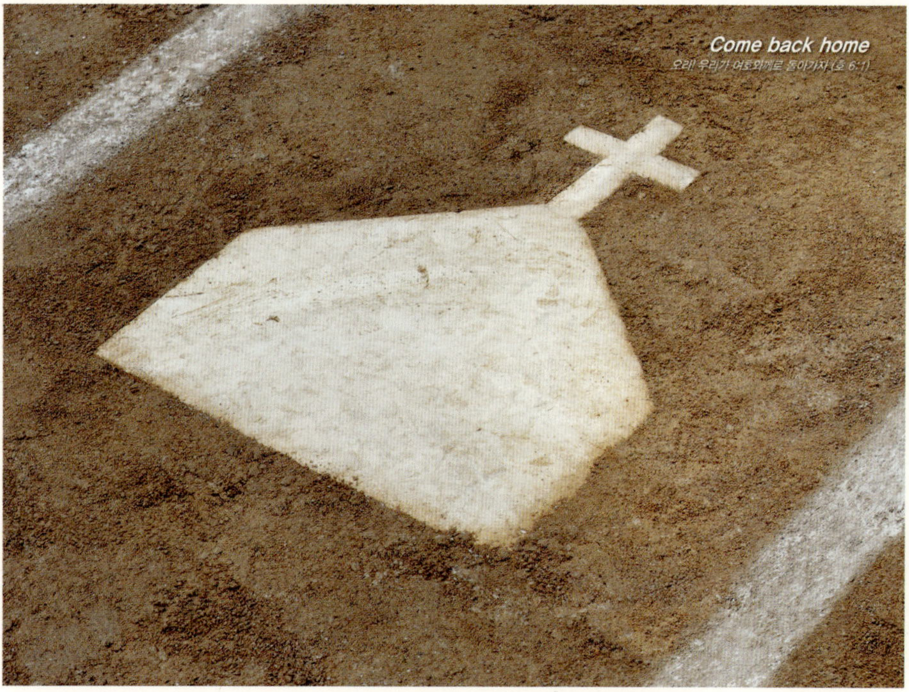

2017년 작. '예수저' 편 / Come back home 오라 우리가 여호와께로 돌아가자(호세아 6:1) 2010년 작. '홈베이스' 편

2009년 작. 예수님의 제자 도마를 묵상하다가 부활하신 예수님의 못 자국 난 손이 떠올라 이를 이미지로 형상화함.

사랑이 없으면...
어처구니가 없는 것과 같습니다.

칭찬은 귀로 먹는 보약입니다!
따뜻한 칭찬과 격려의 말 한마디가 건강하고 사랑이 넘치는 공동체를 만듭니다.
내 사랑하는 형제들아 너희가 알거니와 사람마다 듣기는 속히 하고
말하기는 더디 하며 성내기도 더디 하라 (야고보서 1:19)

새 출발

너희는 택하신 족속이요 왕 같은 제사장들이요 거룩한 나라요
그의 소유가 된 백성이니 이는 너희를 어두운 데서 불러 내어
그의 기이한 빛에 들어가게 하신 이의 아름다운 덕을
선포하게 하려 하심이라
베드로전서 2:9

동행

내가 너와 함께 있어 네가 어디로 가든지 너를 지키며 너를 이끌어 이 땅으로
돌아오게 할지라 내가 네게 허락한 것을 다 이루기까지 너를 떠나지 아니하리라
창세기 28:15

Creator 정기섭 · Illustrator 석창우 화백

2012년 작. '사람' 편

쉬게
하리라
수고하고 무거운 짐 진 자들아 다 내게로 오라
내가 너희를 쉬게 하리라
마태복음 11:28

염려하지
마라
공중의 새를 보라 심지도 않고 거두지도 않고 창고에 모아 들이지도 아니하되
너희 하늘 아버지께서 기르시나니 너희는 이것들 보다 귀하지 아니하냐
마태복음 6:26

꿀송이 보다 더
달다
주의 말씀이 내게 어찌 그리 단지요
내 입에 꿀보다 더 다니이다
시편119:103
Creator 정기섭 · Illustrator 김루미
2011년 작. '동물' 편

(요한복음 3:16)하나님이 세상을 이처럼 사랑하사 독생자
JESUS YOU

2017년 작. '소방차' 편. 매일 오후 3시 16분 전세계가 연합하여 영혼구원을 위해 기도하는 운동으로 발전시킨 영혼구원 316 캠페인

십자가로 풀고 **복음**으로 조이고

인생의 문제는 예수 그리스도의 십자가로 풀고 교회의 세속화는 복음으로 다시 조여야 합니다.

복음에는 하나님의 의가
나타나서 믿음으로 믿음에
이르게 하나니 기록된 바
오직 의인은 믿음으로
말미암아 살리라 함과
같으니라 (로마서 1:17)

스마트폰은
빅뱅으로 우연히 만들어졌다?

스마트폰은 반드시 그 개발자가 있듯이 온 우주 만물에는 반드시 창조주가 있습니다.
원숭이는 결코 인간이 될 수 없습니다.

태초에 하나님이 천지를 창조하시니라 (창세기 1:1)

2016년 작. 위 '십자나사' 편, 아래 '스마트폰' 편

You must
Come back home

여호와께서 이르시되 이스라엘아 네가 돌아오려거든 내게로 돌아오라 (예레미아 4:1)

"세상에서 무엇을 하고 왔니?" 라고 물으신다면...

"우물쭈물 하다가 내 이럴줄 알았다" 는 비문이 새겨지지 않도록
내게 주어진 가장 가치있는 일을 놓치지 않고 살아내는 믿음의 사람이 되어야 합니다.

너는 흙이니 흙으로 돌아갈 것이니라 하시니라 (창세기 3:19)

"풋고추로는 고추장을 담글 수가 없습니다"

광야와 같은
고난이 축복이고
고난이 없는 인생은
하나님께 버림받은 사생아입니다.

내가 가는 길을 그가 아시나니 그가 나를 단련하신 후에는 내가 정금 같이 되어 나오리라 (욥기 23:10)

2010년 작. 위쪽 '묘비' 편 / 2006년 작. '풋고추' 편

예수님은 유일한 비상구입니다

예수께서 이르시되 내가 곧 길이요 진리요 생명이니
나로 말미암지 않고는 아버지께로 올 자가 없느니라
(요한복음 14:6)

아무개의 고백

하늘에 계신 우리 아버지
개는 주인을 알아보고 주인 말을 잘 듣습니다.
그러나 저는 주님이 내 인생의 주인이라고 하면서도
주님의 말씀보다는 이 세상의 성공과 돈을 더 신뢰했습니다.

개는 주인에게만 충성 할 뿐 주인을 배반하지 않습니다.
그러나 저는 시도 때도 없이 위선과 거짓으로 주님의 마음을
아프게 해 드리고 주님을 배반 했습니다.

개가 주인에게 대들거나 배신 한다면 그것은 오직 개가 미쳤을 때 뿐입니다.
그러나 저는 멀정한 정신을 가진 채로 주님을 배신하곤 했습니다.
아무리 생각해도 제가 개보다 더 나은 것 이라고는 아무것도 없습니다.

그런데도 불구하고 주님께서 저를 버리시지 않으시고 도리어
저를 위해 죄 없으신 예수님께서 십자가의 재물이 되셔서 죽어 주시고
저를 위해 부활 하셔서 저를 사람답게 살아 갈 수 있도록
저를 위해 그리스도가 되어 주신 은혜에 무한 감사를 드립니다.

우는 사람과 함께 울라!

어머니의 기도의 눈물
광야와 같은 고난의 눈물
양을 잃어버린 목자의 눈물
마음이 상한 자의 간절한 눈물
하나님 아버지 이 시대에 예레미야처럼...
나의 눈에 회개의 눈물을 회복시켜 주옵소서!

즐거워하는 자들과 함께 즐거워하고
우는 자들과 함께 울라(로마서12:15)

2010년 작. '아무개' 편(본문 기도문은 작가 미상) '양파' 편 / 2015년 작. '참숯' 편

자신을 태워 많은 사람들에게 유익을 주는 참숯처럼 내 자아가 죽어야 합니다.
사도 바울처럼 우리 주 예수 그리스도 십자가 외에는 결코 자랑할 것이 없으며
날마다 나는 죽노라고 고백하는 삶을 살아내야만 합니다.

누구든지 나를 따라오려거든 자기를 부인하고 자기 십자가를 지고 나를 따를 것이니라 누구든지
제 목숨을 구원하고자 하면 잃을 것이요 누구든지 나를 위하여 제 목숨을 잃으면 찾으리라
(마태복음 16:24~25)

2017년 작. '주전자' 편 / '보따리' 편

배설물을
왜 그렇게 좋아하십니까?

세상의 성공과 돈과 명예를 사랑했던 사람 사울은 예수 그리스도를 만난 후에 사도 바울로 바뀌고, 그리스도 예수 이외에는 모든것을 배설물로 여긴다고 고백했습니다.

그러나 무엇이든지 내게 유익하던 것을 내가 그리스도를 위하여 다 해로 여길뿐더러 또한 모든 것을 해로 여김은 내 주 그리스도 예수를 아는 지식이 가장 고상하기 때문이라 내가 그를 위하여 모든 것을 잃어버리고 배설물로 여김은 그리스도를 얻고 그 안에서 발견되려 함이니 (요한복음 14:6)

2016년 작. '배설물' 편

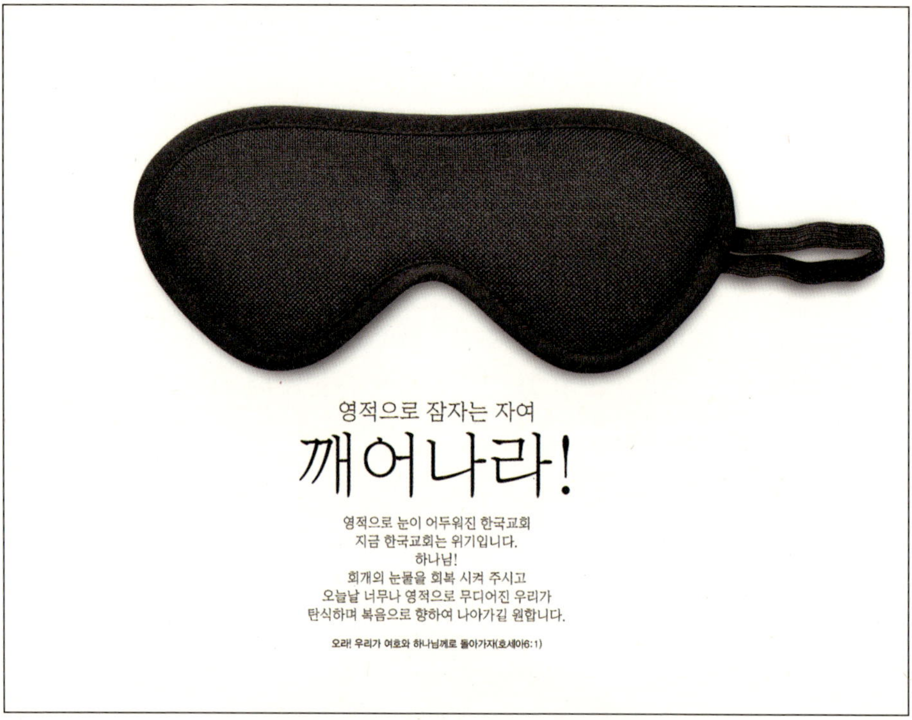

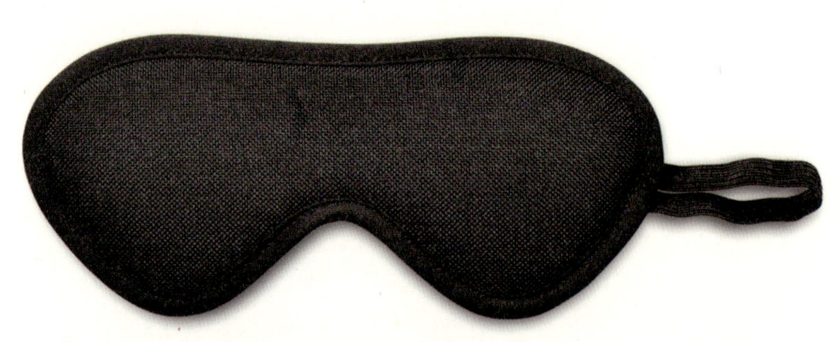

2010년 작. '눈가리개' 편 / 2017년 작. '십자가 귀걸이' 편 / 2009년 작. '링컨' 편

주님의, 주님에 의한, 주님을 위한...

나의 영혼이 잠잠히 하나님만 바람이여 나의 구원이 그에게서 나오는도다 오직 그만이 나의 반석이시요 나의 구원이시요 나의 요새이시니 내가 크게 흔들리지 아니하리로다 (시편62:1~2)

"복음광고는 선교다"

기업들도 사활을 걸고 광고하는데...

"광고라는 강력한 시각언어를 통해 '복음' 을 전하고 삶의
근본적인 질문으로 마음을 움직여 예수님을 만나게 하자."

복음광고라는 새로운 장르를 개척하여, 자비량으로 17년째
헌신하고 있습니다. 시대가 요구하는 메시지와 방법론으로
전개해 온 선교적 문화사역을 기쁨으로 소개합니다.

Exhibition 전시회

캠페인 Campaign

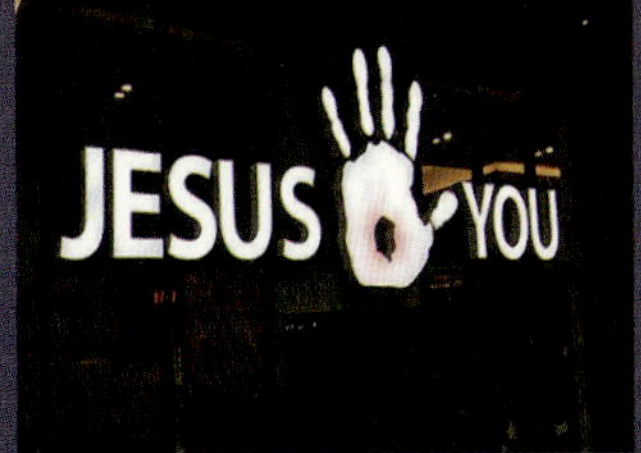

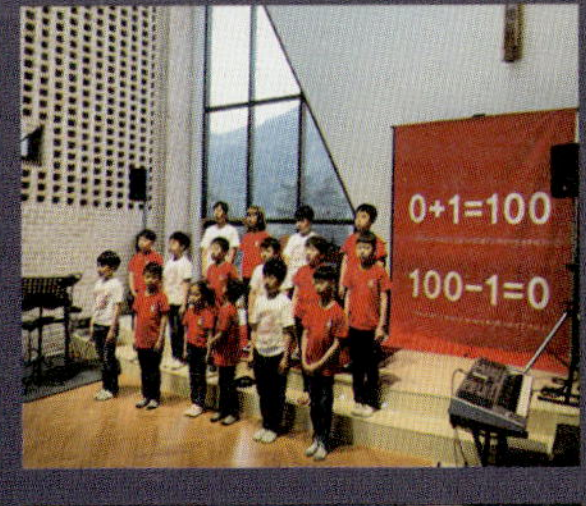

보혈

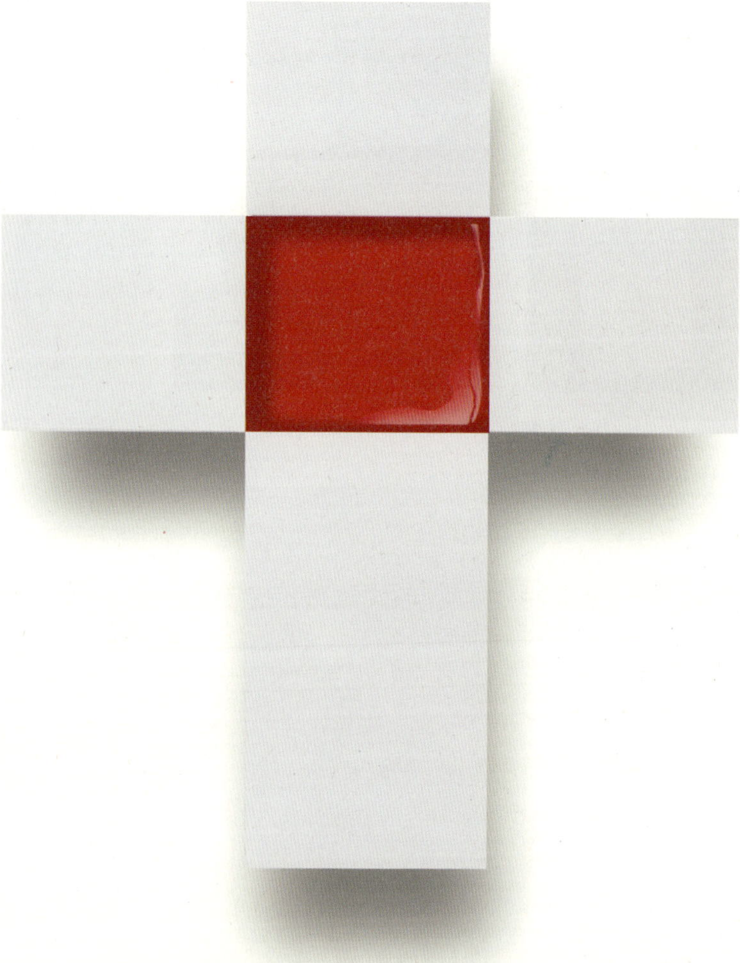

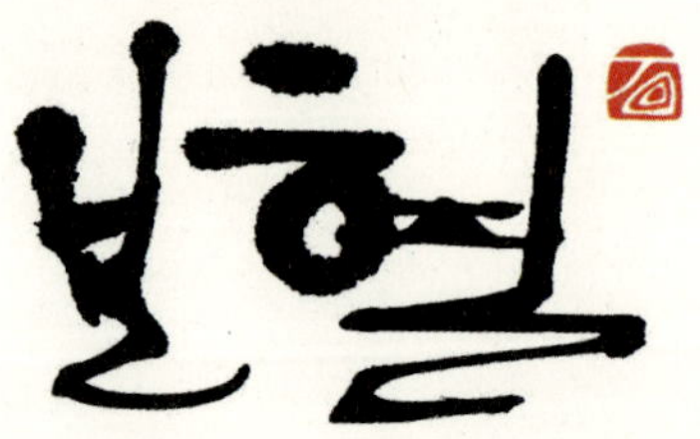

내 살은 참된 양식이요 내 피는 참된 음료로다 내 살을 먹고 내 피를 마시는 자는 내 안에 거하고
나도 그 안에 거하나니(요한복음 6: 55~56)

2017년 작. '십자가 보혈' 편(우유팩 1,000ml)

복음광고

십자가를 지고 광고판에
뛰어든 광고쟁이 이야기

복음광고

2018년 10월 1일 초판 1쇄 발행

지은이 정기섭
펴낸이 정기섭
펴낸곳 도서출판 JAD
등 록 2017년 12월 8일 제2017-000210호
주 소 경기도 고양시 일산서구 대산로 212번길 8-3
전 화 070-4333-0376

편집 · 제작 세줄기획

총판처 비전북
주 소 경기도 고양시 일산서구 송산로 499-10(덕이동)
전 화 031)907~3927   Fax 031)905~3927

ISBN 979-11-962649-0-1   13230

책값은 책표지 뒷면에 있습니다.

독자의 의견을 기다립니다.
이메일 jad2199@daum.net
페이스북 www.facebook.com/jad8888

ⓒ 정기섭, 2018

십자가를 지고 광고판에 뛰어든 광고쟁이 이야기

복음광고

정기섭 지음

JAD

눈에 확~ 머리에 쏘옥~ 복음광고

정기섭 대표는 시대를 앞서가는 인물입니다. '복음을 광고하라' 며 자신을 '예수 광고쟁이' 라고 소개했던 기억이 아직도 또렷합니다.

3대째 이어지는 기독교 집안에서 태어난 그는 한 때 꽤나 경쟁력 있는 광고 회사를 운영했습니다. 그러나 순탄한 사업 확장은 오히려 신앙이 나태해진다는 것을 깨닫고, 한 번밖에 없는 삶을 사업가로만 살 수 없다며 새로운 결단을 합니다. 그는 상업적인 광고를 제작하는 정기섭이 아닌, 한평생 하나님의 사람으로 살았다는 흔적을 남기고 싶어 했습니다.

복음으로 세상과 소통하고, 복음의 시각으로 세상을 보는 비밀을 깨닫게 되자 그는 즉시 그동안 걸어왔던 길에서 방향을 선회합니다. 세상일을 접기로 한 그의 결심은 곧 '사명' 이 됐다고 고백합니다. 정보와 말의 홍수 속에서 장황설을 거부하는 현대인에게 강렬하고 함축적인 복음광고 메시지를 통해 하나님을 섬기기로 한 것입니다.

시대가 급격이 변했습니다. 우리가 살고 있는 21세기를 일러 '4차 산업혁명시대' 라고도 하는데, 4차 산업혁명의 키워드는 '융

합과 연결'입니다. 정보통신의 급격한 발달로 인해서 지구촌 동시 소통이 가능해졌고, 과학기술의 발달은 과거보다 훨씬 원활한 융합의 가능성을 열어놓았습니다. 바야흐로 세계선교의 사명과 한국교회의 현재를 새롭게 진단하지 않을 수 없는 시대입니다.

변화의 파고가 그 어느 때보다 높은 요즘 철저히 준비된 전략과 방법을 동원하지 않으면 효과적인 복음증거가 어렵습니다. 이 때 기억해야 할 것은 두 가지입니다.

첫째는 소통입니다.

현대는 그 어느 때보다도 소통이 생명인 시대입니다. 소통은 문화의 틀과 형태를 소화하고 나누는 대화의 통로입니다. 소통은 교회 안에서만이 아니고 세상과의 관계성에서도 매우 중요합니다. 선교와 전도의 열매는 성서적인 분명한 근거와 신학적 검증, 그리고 문화적 소통에 비례합니다. 선교와 전도 역시 원활한 소통이 없이는 불가능합니다.

둘째는 시각입니다.

세상은 복음을 전하는 현장입니다. 세상을 읽고 판단하는 분별의 능력은 현장에 대한 분석과 해석에서 가장 중요한 요소 중 하나입니다. 현미경과 망원경으로 바라보는 소위 정교한 시각과 거시적 시각이 동시에 요구되는 것이지요.

정기섭 대표의 '복음광고'는 이런 점에서 매우 탁월한 선교적 접근입니다. 우리 시대에 매우 효과적인 전도전략의 핵심을 찾았다는 생각이 듭니다. "설교는 듣고 나면 금세 잊혀집니다. 이제는 비주얼^(광고)로 승부해야 하는 문화시대입니다."라고 말하던 정기섭 대표의 논조에 저도 동감합니다. 한국교회에 새로운 선교전략이 필요한 이 시점에서 '복음을 광고로 전하라'는 정기섭 대표의 주장은 21세기 선교 전략에 딱 맞아떨어지는 대안이 아닌가 싶습니다.

광고로 복음을 전하는 정기섭 대표는 시대를 읽는 예리한 시선과 통찰력을 지닌 탁월한 '예수 광고쟁이' 입니다. 오직 '예수' 한 분만을 전하기로 작정하고 국내와 세계를 누비는 복음광고인 정기섭 대표의 저서 출판을 진심으로 축하합니다. 지역 교회와 지구촌 선교 현장을 섬기는 모든 분들에게 필독서가 되리라 확신하며, 이 저서가 한국교회 갱신과 선교의 시각을 새롭게 여는 분기점이 되기를 바라는 마음 간절합니다.

기독교한인세계선교협의회(KWMC)

사무총장 이승종 목사

복음과 전도자 사이의 징검다리

광고라는 단어를 떠올리면 내게는 자동으로 펼쳐지는 두 가지 이미지가 있다. 멋진 모델이 값비싼 자동차에 올라 꼬불꼬불한 산길을 거침없이 질주하는 광경, 그리고 다른 하나는 맨얼굴만으로도 충분히 예뻤을 여성모델이 자기처럼 아름다워지려면 반드시 그 화장품을 발라야 한다고 유혹하는 듯한 모습이다.

광고란 사람의 마음을 움직여 그 광고하는 제품을 구매하거나 참여하고 싶게 만드는 작용을 한다. 정기섭 대표의 저서 〈복음광고〉를 읽고 나면, 복음을 어떻게 흔한 세상의 물건과 견주어 말할 수 있을까 의문이 들던 사람도 왜 복음을 광고해야 하는지 금세 이해할 수 있을 것이다.

지금은 4영리 복음 제시만으로는 믿음을 갖게 하기 어려운 시대가 돼버렸다. '예수쟁이'라는 느낌이 드는 순간, 복음이라는 말을 꺼내기도 전에 사람들은 멀리 도망가 버린다. 그런데 말이 아닌 이미지로만 이루어진 복음광고는 사람들의 호기심을 촉발시키고 그들로 하여금 질문을 불러일으킨다. 그 궁금증에 대한 답을 알아가는 과정에서 복음을 접할 수 있게 한다는 것이 복음광고의 대표적인 강점이다.

복음을 가진 모든 사람은 마땅히 복음의 전도자가 되어야 한다. 하지만 예전의 방법이 더 이상 효과가 없다면 이 복음광고를 적극 권해보고 싶다. 불신자들 스스로가 복음광고 이미지에 반해 그리스도인을 찾아 묻게 만들 것이다.

이 책이 전도에 부담을 갖고 있는 많은 이들에게 복음에 대한 열정과 복음전파에 대한 사명을 회복시켜주는 징검다리가 되기 바란다.

시애틀 형제교회

담임목사 권 준

단순한 이미지로 강렬한 복음 메시지를!

지난 2015년 6월 11일 아들 결혼 예식 참석 차 한국에 들어갔을 때였습니다. 목동의 한 교회 선교관에 머물면서 새벽에 기도하던 중 전혀 예상치 못했던 환상을 보여주셨는데 십자가 아래에 환희 빛나는 것을 보았습니다. 바로 복음광고 정기섭 대표가 디자인한 'Jesus loves you'라는 로고인데 아침에 만나기로 약속한 고교 동창 기업의 건물에 부착하면 좋겠다는 생각이 들었습니다.

즉시 정기섭 대표에게 문자 메시지를 보내면서 아침에 친구와 만나기로 한 호텔로 올 수 있겠냐고 물었지요. 이것이 주님을 광고하는 '예수 광고쟁이' 정기섭 대표와의 첫 만남입니다. 그 자리에서 정기섭 대표가 한 말이 마음에 깊이 와 닿았습니다.

"세상의 기업도 목숨을 걸고 광고하는데 예수를 광고하는 일이 얼마나 필요하고 시급한 일입니까?"

정 대표에게 직접 묻진 않았지만, 복음광고를 시작함에 있어서 돈이 되리라고 기대하며 시작한 일은 아닐 것입니다. 복음 광고를 통해 광고업계에서 대박을 터뜨려 유명세를 얻기 위함은 더더욱 아닐 것입니다. 단 하나, 주님이 그 일을 기뻐하시기에 시작했으리라 믿습니다. 그것만이 주님을 나타내는 가장 좋은 방법 중 하나라 여겨 오늘도 그 길을 가는 줄 압니다.

그의 사명 덕에 우리는 가장 단순하면서도 가장 강렬한 메시지로 누구나 공감하는 복음을 대하게 됩니다. 이 일이 쉽지는 않을 것입니다. 물론 쉬운 길도 아닌 줄 압니다. 하지만 주님께서 동행하시기에 오늘도 기쁨으로 걸어가는 그 발걸음을 응원합니다. 복음광고의 좁은 길, 힘들고 어렵지만 끝까지 헤쳐가려는 그 길을 독자 여러분께서도 함께 가시지 않겠습니까?

니카라과 선교사 이동홍

1. 광고가 나를 불러 세우다

2. 골방에서 열방으로

3. 예수 광고쟁이

4. 지저스 터치스 유

5. 하나님의 수학공식

6. 전도의 새로운 패러다임

너희는 먼저 그의 나라와 그의 의를 구하라 (마태복음 6:33)

#1

'기발한 아이디어로 예수님을 전하는 예수 광고쟁이'

사람들이 내게 붙여준 이름이다. 좁은 길, 복음의 길, 십자가의 길, 축복의 길을 계속 가라는 응원이고, 생명을 살리는 복음광고에 일생을 바치려는 내 삶에 대한 기대임을 안다.

약 20년 동안 전문적인 광고 크리에이터로 활동했던 나는 17년 전 내 나이 39살의 나이에 하나님의 부르심을 받았다. 성령님께서는 내게 미개척분야인 '복음광고' 라는 새로운 영역을 개척하게 하셨고, 부르심에 순종해서 지금까지 오게 되었다. 수많은 기업들이 내놓는 광고의 홍수 속에서 사진이나 그림과 같은 시각디자인에 하나님 나라의 메시지를 담아 '예수' 를 전하고 있는 복음광고회사 'JAD' 는 이렇게 탄생했다.

어린 시절의 꿈은 화가가 되는 것이었다. 가난한 가정 형편 속에서도 포기하지 않고 그림을 그렸고, 공모전에 응모하여 여러 차례 입상을 하기도 했다.

결혼 전까지 광고대행사에서 근무했다, 그리고 1994년 맨손으로 JAD 광고회사를 설립하여 승승장구했다. 나는 모태신앙이었지만 교회에 나가는 것도 잊은 채 사업에만 몰두했다. 그러다가 IMF 이후인 2001년 7년여 동안 정성을 쏟았던 광고회사가 문을 닫아야 하는 상황이 발생했다. 사업에 실패한 뒤 삶이 무의미해졌고, 좌절과 낙담으로 하루하루를 보내고 있었다. 더 이상 이 세상을 살아갈 힘이 없었다. 39살 젊은 나이에 나는 죽음을 생각했다.

그러나 광고인으로서의 마지막 자존심 하나는 건져놓고 난 뒤 죽고 싶었다. 죽을 때 죽더라도 내 이름 하나는 세상에 남겨놓고 싶었는지도 몰랐다. 이 세상에서의 마지막 광고를 만들어 모든 광고인의 꿈이라는 프랑스 칸 국제광고제에 출품했다. 결과는 낙선이었다.

그런데 나는 그곳 칸에서 내 인생을 바꿀 만한 놀라운 광고를 보게 됐다. 2001년 프랑스 칸 국제광고제에서 금상을 수상한 작품인데 아무런 그림도 없이 단 두 마디의 카피뿐이었다.

"신은 죽었다, 니체는 죽었다"

이 광고 카피를 보는 순간 나는 얼어붙었다. 염세적인데다 참람한 뉘앙스까지 풍기는 그 한 줄의 광고 문구에서 나는 폐부 깊숙이 스미는 복음을 느꼈다. 하나님은 지금도 살아계셔서 역사하신다는 역발상의 광고가 아니던가! 그 순간 나는 오랜 시간 영적으로 방황하며 잊고 살았던 하나님을 인격적으로 만났다. 그 일은 나로 하여금 지식적인 신앙과 세상의 재미, 그리고 내 뜻대로 살아온 지난날의 삶에서 단번에 돌아서게 만든 분수령이 되었다.

한국에 돌아와 온 가족이 함께 출석할 교회를 정하고 새벽기도부터 시작했다. 주님의 은혜로 1년 만에 폐업했던 회사를 다시 일으켜 세우게 되었다. 처음에는 일반적인 상업 광고와 복음광고를 병행했는데 마음은 온통 생명을 살리는 복음광고에 가 있었다. 성령께서 마음을 통해 말씀하시는 부르심의 음성에 순종했다. 그리고 2010년부터는 오롯이 복음광고에만 올인하게 되었다.

17년이 넘도록 새벽 제단을 쌓으며 골방기도실에서 주님께 무릎기도를 드린다. 이때 주님께서 주시는 영감과 아이디어로 복음광고를 제작하고 있다. 복음광고 한 컷의 이미지와 한 줄의 카피가 믿지 않는 사람들에게 영혼구원과 복음을 깨닫게 하는 전도의 도구로 쓰이기를 소망한다.

#2

2013년 2월 서울 명동 청어람(김동호 목사)에서 10여 년간을 준비해 온 첫 복음광고 전시회를 개최했다. 그 일을 계기로 앞으로는 세상과 맞닥뜨리며 하나님의 메시지가 잘 드러나도록 복음의 돌직구를 던지는 일에 힘쓸 것을 다짐했다.

예산은 하나도 없었다. 지금까지 그저 주님만 바라보며 인도하심을 따라 걸음을 내딛고 있다.

'예수' 주제로 7일간 기획된 청어람에서의 전시회를 시작으로 파주 한소망교회, 순천 기독교역사박물관, 동숭교회, 청년 300인 히어로, 김포 명성교회, '77콘서트' 갤러리처치 초대전, 제주 성안미술관 초대전, 광주포도원교회 초대전 등으로 수많은 전국의 교회에서 복음광고 전시회와 함께 간증을 하게 해주셨고 CBS TV '새롭게 하소서'에 출연하여 주님께서 하신 일을 함께 나누기도

했다.

2014년 6월부터는 유럽 최초로 스페인 마드리드, 톨레도, 프랑스 빠리침례교회에서 초대전을 가졌고, 2016년 5월 터키 중보기도 컨퍼런스^(실크웨이브 미션) 초청으로 이스탄불, 앙카라, 가파도키아에서 게릴라 복음광고 전시회를 열었다. 또한 곧바로 2016년 6월 3일~9월 5일까지 미국 L.A아주사세계선교대회^(KWMC) 초청을 시작으로 뉴욕, 워싱턴, 아틀랜타, L.A, 시애틀 등의 10여개 한인교회에 초청되어 '복음광고' 순회 전시회 및 집회를 열었다. 2017년 6월에는 아프리카 탄자니아선교사대회, 2018년 1월에는 미국 L.A세계교육선교대회 전시회와 5월 중국 상해로 초청되어 하나님을 전할 수 있었다.

#3

인간의 욕망을 부추기는 현란한 세상 광고의 홍수 속에서, 복음만을 전하는 광고로 하나님이 내 삶의 주인 되심을 선포하고 우리의 구원자 예수님을 전하는 것이 복음광고다. SNS^(소셜 네트워크)로 무장한 1인 미디어 시대를 살아가고 있는 지금, 세계만국공통어이자 강력한 폭발력을 지닌 시각비주얼 언어로 인터넷 영토와 전 세계를 향해 복음을 선포할 때마다, 성령의 일하심을 뜨겁게 체험했다.

기업에서 광고 하나를 잘 만들려면 엄청난 규모의 인원과 시간과 노력과 기회비용이 들어간다. 그래서 영업을 하는 사람들이나 광고하는 사람들, 상품을 만드는 사람들은 어떻게 하면 소비자들의 시선을 사로잡을 것인가에 큰 관심과 에너지를 쏟고 있다.

　"오랜만에 내 대학동창을 만났다. 동창이 잘 지내냐고 물어보았다. 나는 그냥 그랜저를 보여주었다." ○○자동차
　차는 그랜저 정도는 타 주어야 사람 구실을 한다는, 지극히 세속적이고 물질만능주의적인 가치관을 에둘러 보여주는 광고이다. 사람들은 이런 걸 보면서 '그렇지. 이 정도의 차는 타고 다녀야 성공한 사람이지.' 라고 은근히 자신에게 최면을 건다. 멋진 차를 타야만 내 인생이 귀하게 되고, 다른 사람들로부터 내가 상류층 대접을 받을 수 있다고 생각하는 것이다. 실제로 호텔에 가보면, 크고 비싼 차에서 내려야 고객 대접을 받지 않던가?

　"당신이 사는 아파트가 당신의 인격을 말해줍니다." ○○아파트
　사람들이 이런 광고를 접하다보면, 자신도 모르는 사이에 점점 세상적인 가치관에 녹아 들어가게 된다. 그래서 자기가 무엇을 위해 살 것인가를 고민하기보다는, 큰 차를 타고 좋은 아파트에서 살아야겠다는 결심을 먼저 하게 된다. 우리가 어떤 주거지에 살고 어떤 차를 타는가가 중요한 것인지 다시금 생각해야 할 시점이다.
　수많은 광고에 노출되어 살아가는 현대인들의 생각과 삶의 가치관은 특정한 의도를 가진 광고가 지배하게 된다. 그냥 생각 없이 흘려보내는 것 같지만, 사실은 이러한 광고들이 무의식중에 우리의 삶을 결정하고 판단하는 데 굉장히 큰 힘을 발휘한다.

#4

믿음은 들음에서 난다는 말씀이 있다. 그런데 2000년 전 바울 사도가 살던 때는 TV도 없었고, 영화나 인터넷, 더욱이 스마트폰도 없었다. 당시의 바울이 지금 이 시대를 살아간다면 믿음을 일러 들음이 아니라 보는 데서 난다고 했을 것이다. 요즘 젊은 세대들은 눈에 보이는 것으로 자신이 믿고 있는 것을 확인하는 습성이 있다. 눈에 보이는 것 때문에 화근이 될 때가 많음에도 불구하고 보이는 것이 전부요 진리가 돼버린 시대를 살아가고 있는 것이다.

그런 가치관에 물들어 살다보면 자신이 보는 대로 살게 되어 있다. 자신의 형편과 삶의 기준에 따라 보는 것을 선별하고 절제해야 하는데 현실은 그렇지가 않다. 다수가 선택하고 공감하는 것이면 전부 옳은 것인 양 강요되는 세상이다. 그런 측면에서 이젠 기독교 문화도 세상 사람들에게 무엇을 보여 주어야 할지에 대해 깊이 고민해야 한다. 특별히 시대의 어른이라면 우리의 자녀들과 오는 세대들에게 무엇을 보여줄 것인지에 대한 방책을 갖고 있어야 하지 않을까? 그 길목의 선두에 서있는 문화사역자의 역할은 그래서 더욱 중요하다.

"아, 너무 촌스럽다."
"수준이 떨어진다."
"너무 뻔한 내용이다."
교회가 불신자들을 초청하거나 전도지를 만들어 노방전도를 할 때 가끔 들려오는 말들이다. 어느샌가 교회의 유인물과 기획물은 시대에 뒤떨어진 듯한 이미지를 주고 있다. 가슴 아픈 말이지만 목회자의 수준이 그 교회의 수준을 보여 준다는 말이 있다. 목회자가 말씀으로 전해주는 복음 외에 모든 것을 관장하는 미숙함을 빗대어 하는 말일 것이다.

이제는 교회도 세상 앞에 보다 품격 있는 방식으로 말을 걸 필요가 있다. 강력하고도 강렬한 시각언어로 예수님의 메시지를 전할 수 있으면 좋겠다. 밋밋한 천 마디의 말보다 두근거림을 주는 한마디가 오래 남는다. 기독교 복음의 절대 진리는 66권의 성경 말씀이지만, '복음이 응축된 한 컷의 이미지'가 더 강렬한 여운을 주고 많은 영혼을 깨울 수도 있다.

하나님의 속성과 형상을 담고 있는 복음을 미학적 예술성과 창조적 영감의 메시지로 광고하려는 전문 광고인들이 있다는 것은 주님이 기뻐하실 일이다. 복음 전도의 소중한 도구가 될 복음광고 사역에 많은 이들의 참여와 협력이 절실하다.

주님께서는 이 부족한 사람을 지난 17년 전에 프랑스 칸 국제광고제에서 만나주셨고, 복음광고라는 새로운 장르를 개척하게 하셨다. 자비량으로 사명을 감당할 수 있도록 인도해 주신 것은 전적인 하나님의 은혜였다. 작가이시고, 디자이너시며, 기획자이신 하나님께서 영감을 주셨고, 나는 그저 하나님의 이끄심에 순종한 품꾼일 뿐이다.

이 책을 천지의 창조주이시고 역사의 운행자이시며, 나의 주이시고 나의 광고주이신 하나님께 올려드린다.

1

광고가 나를 불러 세우다

내 삶을 바꾼 광고

큼지막하고 무거워 보이는 해머^(망치)를 보면 무슨 생각이 들까? 해머에 맞아 부서진 벽이 떠오를까? 해머 앞에 두려워하는 위축된 표정이 생각날까? 내 광고 작품 '해머'는 내 삶을 송두리째 바꿔 놓는 계기가 되었다.

해머에서 자동차의 이미지를 발견하게 된 것은 2000년 어느 여름이었다. 필요한 물건을 구입하기 위해 청계천에 있는 철물점에 방문했을 때 우연히 가게에 있는 해머에 시선이 멎었다. 그 순간 뜬금없이 해머의 형체에서 자동차 지붕의 실루엣이 보였다. 직관적으로 머리에 번쩍 들어온 이미지였던 것이다.

'해머 아래에 보이는 실루엣을 지우고 차바퀴 두 개만 잘 표현하면 영락없는 자동차 형태가 해머 속에서 자연스럽게 보이겠네.'

많은 사람들이 갖고 싶어 하는 자동차는 대개 멋지고 잘 빠진 벤츠나 고급차 등과 같은 명차들이다. 그러나 명차보다 더 중요한 건 혹시 사고가 나더라도 해머처럼 튼튼하고 안전하게 운전자의 생명과 신체를 보호해 줄 수 있는 단단한 차가 아닐까?

즉시 나는 늘 지니고 다니던 스케치 노트에 구체화된 해머 아이디어를 그렸다. 광고의 의도와 구도가 머릿속에서 정확하고도 쉽게 그려졌다. 아이디어 수집 절차는 그것으로 끝이었다. 나는 즉시 해머를 구입했다. 고모부가 운영하는 왕십리 주물공장에 찾아가 스케치를 보여드리고, 해머 속 위쪽이 자동차 지붕과 같은 실루엣이 명확히 나오도록 작업을 부탁드렸다.

다음 날 해머 작업이 다 되었다는 연락을 받고 공장으로 갔다. 의도한 대로 완벽하게 만들어져 있었다. 회사 건물 아래에 있는 사진 스튜디오에서 촬영을 마쳤다. 그런 뒤에 사진 속 해머 아래 부분을 일러스트로 지운 후, 그 자리에 두 개의 차바퀴 그림을 넣었다. 광고로 만들어 보니 머리로 생각했던 것보다 훨씬 더 완성도 높은 작품이 나왔다.

때마침 국내 광고 공모전 중 최고의 권위가 있었던 제 37회 조선일보광고 공모전이 열리고 있었는데 마감 시간이 얼마 남지 않았다. 이 대회는 디자인을 전공한 전국의 대학생들과 현업 베테랑 광고인들이 모두 참여하는 경연장으로 가히 광고인들의 축제다.

광고인이라면 누구나 한 번쯤 이 대회에 작품을 출품하여 대상을 받고 싶어 했다. 당시 포상으로 주어지는 일천 만 원의 상금도 충분한 동기부여가 됐지만, 내가 더 욕심이 났던 건 다른 혜택 때문이었다. 대상을 받으면 프랑스 칸 광고제에 그 대상작품을 출품해 주고, 작품을 제출한 팀원들에게는 칸 광고제까지 참관할 수 있도록 모든 경비를 지원해주었다. 모든 광고인들에게 꿈같은 대회였기에 이번 공모전에 꼭 참가하고 싶었다. 특히 이 대회는 광고작품 출품에 제한이 없었다. 조선일보광고대상 공모전의 과제광고로 자동차 부문(기아자동차 '해머' 편)에 출품하게 되었다.

시각 이미지가 명쾌하고 아무런 카피도 없는 망치속의 차 '해머' 광고는 기존과 다른 새로운 시도가 돋보였는지, 최종 2개의 작품을 놓고 경합을 벌이는 대상 후보에 올랐다. 내 작품과 마지막까지 경쟁한 다른 후보작은 대기업 메이저 광고회사 팀의 작품이었다. 드러난 전적만 보자면 마치 골리앗과 다윗의 싸움 같았다. 물론 다윗에 해당되는 사람은 나다.

안타깝지만 거기까지였다. 성경 속에서는 소년 다윗이 골리앗을 쓰러뜨렸지만, 당시의 내게 그런 기적은 일어나지 않았다. 카피 한 줄 없이 대상 후보에까지 올랐으니 대단히 감사한 일이었지만, 당시 나는 결과를 쉽게 인정할 수 없었다. 그래서 이참에 세계 3대광고제 중의 하나인 미국 클리오 광고제에 다시 출품해보고 싶었다.

다음 해인 2001년 5월 미국 마이애미에서 열린 클리오 광고제에 다시 '해머' 작품을 냈고, 한국에선 유일하게 최종 본선까지 올라 전 세계 광고계로부터 창의력이 돋보이는 광고로 인정받았다. 한국 광고계가 놀란 건 당연했다. 그리고 뒤이어 '해머'를 그 해 프랑스 칸 국제광고제에도 출품했다.

한 달란트 (1)

독이 든 복어라도 요리를 잘하는 전문 요리사의 손을 거치면 최고의 별미가 될 수 있다. 진리의 복음도 마찬가지다. 그 시대의 문화에 맞게 창조적인 방법으로 단순하면서도 쉽고, 재미있으면서도 감동 있게 전할 수만 있다면 세상 사람들도 복음에 관심을 기울이고 흥미를 갖게 될 것이다. 진리를 알고 싶어 하고 그것에 궁금증을 갖다 보면 누구라도 결국 마음을 열고 복음을 받아들일 것이라는 확신이 내겐 있었다. 바로 내가 직접 체험했기 때문이다.

39살이 되던 해 여름 나의 유작이 될 작품('해머' 편)을 출품하고 프랑스 칸 광고제에 참석했다. 그걸 끝으로 나는 이 세상과 작별할 계획이었으니, '해머' 광고는 이 세상에 내가 남길 수 있는 마지막 작품인 셈이었다.

물론 나는 그곳에서 좋은 성적을 거두지 못했다. 유작 '해머'를 광고제 3곳에 모두 출품했으므로 이제 남은 것은 마지막 결심뿐이었다. 전시장을 돌아 나와 고요한 시간으로 걸어가려던 참이었다.

그 때 전시장의 광고 하나가 내 가슴속으로 걸어 들어왔다. 그 광고 속 복음의 메시지를 통해 나는 그 자리에서 인격적인 하나님을 만났다. 또한 내 인생의 사명을 깨달은 그때부터 광고로 예수님의 복음을 전하는 '예수 광고쟁이' 로 살아올 수 있었다.

하나님께서는 나에게 더도 말고 덜도 말고 광고라는 딱 한 달란트의 재능을 주셨다. 요즘은 다재다능한 사람이 능력 있는 사람으로 인정받고 있지만, 나보다 더 나를 더 잘 아시는 주님께서는 내게 복음광고라는 사명만 주셨다. 그리고는 마치 눈가리개를 한 경주마처럼 한 방향으로만 달리게 하셨다.

성경에서는 한 달란트를 받은 종이 그 한 달란트를 땅에 묻어두고 있다가, 주인이 왔을 때 그걸 내밀어 크게 책망을 받았다. 그러나 내 경우엔 오히려 딱 한 달란트만을 주셨기에, 다른 곳에 눈 돌리지 않고 오직 사명에만 집중할 수 있었다. 합력하여 하나님 나라 확장운동을 펼치는 데 있어 굳이 다재다능한 사람이어야만 할 필요는 없을 것이다. 한 가지 재능밖에 없어서 그 길이 아니면 갈 곳이 없는 나 같은 사람도 필요하리라 믿는다.

천 마디의 말이 아닌 생명력 있는 한 마디 카피로 복음의 감동을 전하고 싶다. 복음광고를 통해 사람들의 마음을 움직이는, 사람 낚는 '예수 광고쟁이'이고 싶었다. 다른 사람이 가지 않은 길을 개척한다는 건 때로 외롭고 좁은 길을 걷는 것과 같지만, 이 가치 있는 사명에 모든 걸 거는 것은 그 이상의 기쁨이고 복이다. 구원 받은 감격이 바다만큼이나 넓고 커서, 나는 예수 그리스도만을 광고하는 예수 광고쟁이가 되었다.

3대째 크리스천 가정에서 태어난 나는 가난한 유년기를 보냈다. 그러나 내가 태어나고 자랐던 그 시절^(1960~70년대)만 해도 남아선호 사상이 강해서였는지, 나는 1남 3녀의 장남에 외아들이라는 이유만으로 어머니께 많은 사랑을 받았다.

초등학교에 들어갔지만 나는 공부에는 별 흥미가 없었다. 초등학교 3학년 때 같은 반의 한 친구와 친해지면서 영화를 자주 보러 갔던 기억이 난다. 이 친구네 집은 식당을 하고 있었는데, 학교가 끝나면 친구는 가게에서 어머니 몰래 돈을 훔쳐 그 돈으로 내게 맛있는 것도 사주고 영화도 보여주곤 했다. 처음에는 두렵고 떨렸지만, 어느덧 우리는 그 긴장마저도 편하게 즐기는 악동이 되어갔다.

그 친구 덕분에 어린 나이였음에도 자연스럽게 영화를 많이 보게 되었고, 영화 보는 것이 취미라고 해도 이상할 것이 없었다. 시내에서 상영하는 극장가 영화제목을 다 외우고 있을 정도였고, 모든 장르의 영화들을 다 섭렵했다. 명절이 되어 친척들이 모이면 다 같이 영화를 보러가는 것이 그 시대의 낙이었다. 그런데 어린 초등학생이 시내 극장가 영화제목을 줄줄이 꿰고 있으니, 어른들은 은근히 걱정이 되셨던 모양이다. 나에게 커서 무엇이 되고 싶은지 물어보시곤 하셨다.

초등학교 4학년 때 내 짝은 그림을 아주 잘 그리는 아이였다. 무척 부러웠다. 나도 그림을 그려 보려 했지만, 도무지 그럴 듯한 그림이 나오지 않았다. 그림을 그리고는 싶은데 소질이 따라주질 않자, 만화방에서 만화책 첫 장의 멋진 그림을 찢어와 습자지에 대고 따라 그렸다. 그것이 내가 그림의 길로 들어간 계기였다. 선이 훤히 비치는 그림을 따라가기만 했을 뿐이었지만, 제법 그림의 태가 났다. 나는 점차 그림에 흥미를 느꼈다. 그러다 보니 친구들의 눈에 뜨이고, 곧 선생님으로부터 칭찬도 듣게 되었다. 학교생활에서 최초로 들은 칭찬이었다.

공부나 다른 것으로는 한 번도 받아보지 못했던 칭찬과 인정을 받고 보니, 어린 나이에도 그림 그리는 일이 내 길인가 싶었다. 좀 더 현실적으로 말하자면 내가 가장 잘 할 수 있는 밥벌이가 그림이라고까지 느꼈던 것 같다. 그래서 처음 꿈이라고 꾸게 된 게 내가 좋아하는 영화도 실컷 보고 그림까지 그릴 수 있는 영화 간판장이였다.

학창시절을 통틀어 가장 좋아하는 선생님을 꼽으라면, 중학교 때 미술선생님이었다. 그 분은 가끔 미술시간 칠판에 분필로 그림을 그리셨는데 그 모습이 왠지 멋져 보였다. 수업도 얼마나 재미있게 진행하시는지, 다른 수업시간에는 흥미가 없었지만, 미술시간만큼은 시간이 얼마나 빨리 가는지 몰랐다. 그 시간 외에는 별반 칭찬 받을 일이 없었으니 더 그랬을 것이다.

처음으로 구체적인 꿈을 꾸었지만 가난 앞에서는 별 도리가 없었다. 나는 가난한 집안의 장남이었다. 진로를 고민하던 나는 사촌형의 권유로 실업계 고등학교에 진학하게 되었다. 수업은 어느 정도 따라가겠는데 실습시간이 문제였다. 선반에 드릴을 고정하고 쇠를 깎는 일과 용접봉을 잡은 채 쇠를 지지고 붙일 때는 두려움에 몸이 사려졌다. 실습시간만 지나면 콧속까지 새까매지곤 했다. 내 적성과 맞지 않는 실습이 정말 싫었다.

그래도 숨통 트이는 일이 있었다. 고등학교 1학년 때였다. 특별활동으로 미술반이 있었다. 당연히 미술반에 들어갔다. 진로에 대한 특별한 고민 없이 가정 형편 때문에 진학을 한 친구들이 대부분이다 보니, 아무래도 그림실력은 내가 월등했다. 순식간에 그림으로 미술반 친구들의 시선을 한 몸에 받고, 선배들로부터도 인정을 받았다.

고등학교 2학년에 올라가서는 학교 미술부장으로 활동했다. 적어도 그림만큼은 누구보다 열심히 그렸다. 하지만 미술부 활동 말고는 갈등의 연속이었다. 고등학교 때 전공이 기계설계였지만, 도무지 나와는 맞지 않았다. 다시 찾은 진로가 현실과 상충하게 되니, 적성 문제로 고민이 커져갔다.

고등학교 2학년 어느 가을날 홍익대학교에서 미술사생대회가 열렸는데 거기서 나는 다시 활로를 찾았다. 그 대회에서 좋은 성적을 거둔 나는 용기를 내서 담임선생님께 면담을 신청했다.

"선생님, 저는 미대에 진학하고 싶습니다. 기계설계 실습 시간에 미술실에서 그림을 그릴 수 있게 해 주십시오."

"그래, 네 그림 실력도 잘 알고 있고 네 꿈도 지지해주고 싶은데 학교생활이라는 게 개인의 뜻대로 할 수 없으니 안타깝구나."

"… 선생님, 그게 어렵다면 저는 자퇴를 할 수밖에 없겠습니다."

염려한 대로 학교 측에서는 그렇게 할 수 없다고 했다. 미대 진학을 위해 그 길로 과감히 고등학교를 자퇴하고 검정고시를 준비했다. 독학으로 검정고시에 합격했지만, 미술 실기를 준비하지 못해서 첫 대학 진학은 실패했다.

한 달란트 (2)

　재수를 하러 서울로 올라왔다. 친척집에 머물며 아르바이트로 생활비를 벌었다. 몸이 파김치가 되어 돌아오다 보면 막막한 현실 앞에서 가끔 내가 왜 이러고 있나 싶기도 했다. 그러나 이상하게도 주일만 되면 나는 어김없이 교회에 출석했다. 종교적인 생활이라고 해도 어쩔 수 없었다. 내 꿈을 이루기 위해선 하나님의 도우심이 필요하다고 생각했다. 그래서 나는 때때로 기도에 매달렸으며, 목사님의 설교 말씀에 은혜를 받은 적도 많았다. 하지만 그때의 나는 진정한 회개 없이 그저 습관적이며 기복적인 신앙을 추구하는 지극히 나약한 모습에 지나지 않았다.

　꿈과 현실, 신앙과 재수생활 등 감당하기 어려운 청춘의 시절이 고독하게 흘러가고 있었다. 그즈음(1983년), 갑자기 군대 입대 영장이 날아왔다. 마음의 준비 없이 갑작스레 입영을 하고보니, 군대에 끌려왔다는 부정적인 생각이 떠나질 않았다. 군 생활은 말 그대로 고통이었다. 자유분방했던 내게 엄격한 지시와 통제로 이루어진 군대 체제는 견디기 어려운 속박이었다.

　도망갈 수도 거역할 수도 없는 군 시절을 보내고 있을 때, 구원처럼 기회가 찾아왔다. 어떻게 소문이 난 것인지, 내가 그림을 잘 그린다며 대대에서 대표로 뽑혀 나가게 되었다. 한 달 간 내가 그린 그림은 캠페인용 포스터였다. 당시만 해도 군기를 잡는다는 명목으로 공공연하게 구타가 자행되고 있었다. 구타 근절 포스터가 내 손에서 수백 장 만들어졌다.

그 일로 나는 대대 정보장교의 눈에 들어 대대 상황실 정보병사로 보직을 옮기게 되었다. 군에 입대한 후 그렇게 자유로운 시간을 보내는 건 그때가 처음이었다. 행정반에서는 지도 그리기와 차트 만드는 업무를 했다. 군부대 내에 있는 교회 군종병과 친해져 교회의 미화 활동도 돕게 되었다. 그 때 그가 내 팔을 툭 치며 이런 말을 건넸다.

"정 병장님, 제대가 내년 2월이니 미대 진학 준비를 해 보세요. 광고 디자이너가 되시면 잘 어울릴 것 같아요."

군종병의 이 한마디는 아무런 소망이 없던 내 미래에 환한 등불이 되어 주었다. 하나님은 주변사람을 통해서도 응답하신다고 했던가. 그의 권유가 실제로 큰 힘이 되었다. 재수하던 도중에 입대를 하게 되어 내 꿈은 진퇴양난에 빠져 있었는데 다시 찾아온 기회를 더 이상 곁눈질로 떠나보내고 싶지 않았다. 군 생활 중에 다시 대학 입시 준비를 하게 되었다.

편지로 부모님께 전후사정을 말씀 드리고 무작정 답을 기다리고 있었다. 굵은 소나기가 내리던 6월 어느 날, 위병소에서 상황실로 전화가 왔다. 어머니께서 오셨다는 연락이었다. 어머니는 사전 연락도 없이 광주에서 서부전선 최북단인 깊은 산속에 있는 부대까지 찾아오셨다. 낯선 길의 부대 주소를 물어 물어가며, 여러 개의 대학입시 원서를 다 준비하셔서 직접 챙겨들고 오신 거였다.

우산도 없이 비를 흠뻑 맞고 서 계신 어머니를 뵌 순간 마음이 아팠다. 여자는 약하지만 어머니는 강하다는 말처럼 이 깊은 산

중에 있는 부대까지 찾아오신 것이 기적 같았다. 어머니는 비에 젖을까 봐 가슴에 품고 온 입시서류를 꺼내시더니 내 손에 쥐어 주셨다. 나는 눈물이 핑 돌고 눈시울이 붉어졌다.

어머니를 배웅하기 위해 산길을 걸어 한참을 내려갔을 때, 소나기로 인해 개울은 이미 내 무릎 위까지 불어 있었다. 난생 처음 어머니를 등에 업고 개울을 건넜다. 아들을 향한 어머니의 지고지순한 사랑이 등에서 저릿하게 느껴져 왔다. 황순원 작가의 '소나기'보다도 더 감동적이고 가슴 뭉클한 어머니의 사랑이었다.

1986년 대입학력고사 시험을 며칠 앞두고 있을 때였다. 갑자기 전군에 비상령이 내려졌다. 김일성 사망설이 돌자, 전군은 데브콘2 비상상황이 되어 외출 외박 금지가 내려졌다. 휴가자들도 비상연락망으로 귀대하게 했다. 또다시 시험을 볼 수 없는 이 절체절명의 위기 상황에서 난 간절히 하나님께 매달리게 되었다.

"주님, 이 비상상황이 빨리 종료돼서 이번엔 제가 꼭 대학입시를 치를 수 있도록 도와주시옵소서!"

절로 눈물이 났다. 재수하며 입시를 준비하다 끌려오듯 군생활을 한 스물세 살의 내가 그렇게 애잔할 수가 없었다. 늦깎이 입시생인 육군병장 현역 군인인 나는 지푸라기라도 잡는 심정이 되었다. 어쩐지 현실이 내게만 가혹한 것처럼 느껴지니 야속했다.

하나님은 기도를 외면하시는 분이 아니었다. 감사하게도 시험을 하루 앞둔 날, 김일성 사망설이 오보로 밝혀지면서 비상이 해제되었다. 정말 어렵게 군복을 입은 채로 고향 광주로 내려가 시험을 치렀다. 아쉽게도 원하던 대학은 실패했지만, 그래도 감사

할 것은 고향에 있는 대학에 합격을 했고 군 제대와 동시에 대학
에서 시각디자인을 전공할 수 있게 되었다.

'예쁜 엽서전' 대상

일을 하며 재수하는 상황이었지만, 틈나는 대로 라디오 방송을
즐겨들었다. 1980년대만 해도 라디오 방송은 애청자들이 대단히
많을 때였다. 나는 이종환의 '밤의 디스크 쇼', 이문세의 '밤을
잊은 그대에게', CBS 기독교방송의 '새롭게 하소서' 라는 라디오
프로의 애청자였다.

그 시절 내게 단 하나의 취미가 있었다면 그것은 엽서 뒷면에
그림을 그려 넣는 일이었다. 마침 MBC 라디오 방송국에서 '예쁜
엽서전' 공모가 있었다. 특별히 정성을 들인 10장의 엽서에 사연
을 만들어 보냈다.

어떤 결과가 나왔을까? 대상부터 장려상까지 내가 보낸 6개 작
품이 상을 싹쓸이 했다. 나도 감당이 안 될 만큼 놀라운 결과였
다. 집에 흑백 TV도 없던 시절이었는데 대상 상품으로 컬러TV가
오고, 금상으로는 오디오 컴퍼넌트 세트가 왔으며, 은상으로는
더블 카세트 세트, 나머지 3개의 장려상으로는 워크맨 등 고가의
가전제품과 전자제품들을 부상으로 줄줄이 받게 됐다.

학창시절 학교에 다닐 때까지 개근상 외에는 공부를 잘해서 상
을 받은 기억이 없었다. 그런데 그림을 통해 이런 인정을 받으니

나도 세상에서 무언가 할 수 있겠다는 생각이 들었다. 부모님께 처음으로 구체적인 효도를 했다는 자긍심도 그때 갖게 되었다.

어떻게 한 사람의 그림이 여러 개의 상을 독차지할 수 있었을까? 그것은 아주 간단했다. 내 이름으로는 한 작품만 보내고 사촌들의 이름으로 각각 다르게 보냈던 것이다. 심사위원들은 그것들이 한 사람의 작품이라는 걸 알 수 없으니 가능한 일이었다. 그 일로 나는 자신감을 얻었다. 막연한 꿈도 좀 더 눈앞으로 다가온 듯 했다.

당시 대상을 받았던 '예쁜 엽서' 작품은 이랬다. 어느 시집에서 흑인의 기도라는 시와 흑인소년의 눈물 사진을 보았는데, 정말 큰 감동이 되었다. 그 즉시 나는 0.7mm 샤프펜슬 하나로 새벽까지 2~3시간 동안 엽서에 그림을 그려 넣었다. 그리고 덧붙인 사연으로 "내일을 위해 보다 열심히 학업에 정진하고 있을 모든 이들과 함께 듣고 싶다"며, 신청곡으로 마이클 잭슨의 'Ben'을 적어 보냈다. 그때 엽서에 쓴 작자는 알 수 없지만, '흑인의 기도'라는 기도문이다.

하늘에 계신 우리 아버지,
당신은 땅 위의 모든 인간을 창조하셨습니다.
우리는 당신의 자녀들입니다.
주님, 당신은 우리 모두를 평등하게 당신의 자녀로 사랑하십니다.
당신은 이 열대지방에서 당신의 강한 태양을 견뎌낼 수 있도록
우리에게 검은 피부를 주셨습니다.
우리는 다른 인간들보다
더 나은 것이 없으며 그들도 우리보다 더 나은 것이 없습니다.
우리 중 몇몇은 백인이 되고 싶어 하지만 그것은 어리석은 일입니다.

당신은 우리를 창조하셨고 우리대로의 우리를 사랑하십니다.

당신이 우리를 그렇게 창조하신 것에 대해 기뻐합니다.

우리 마음으로부터 증오와 오해를 멀리하여 주옵소서.

우리가 부지런히 일할 수 있는 방법을 보여 주시옵소서.

우리는 모두 형제로서 함께 일하며 서로 신뢰하고 싶습니다.

왜냐하면 우리 모두는 당신의 자녀이며

당신은 우리 모두를 위해 돌아가셨기 때문입니다.

지금 생각하면 모든 것이 어머니의 기도 덕분이었다. 모든 상황이 여의치 않았음에도, 아들의 꿈을 지켜주기 위해 대학 입학서류를 다 만들어서 그 먼 곳까지 달려와 준 어머니의 헌신과 기도가 있었기에 군 제대와 동시에 시각디자인을 전공 할 수 있는 기쁨을 맛볼 수 있었던 것이다. 그로부터 지금까지 강산이 세 번이나 바뀌는 시간이 흘렀지만, 사진을 찍어 보관해둔 작품을 지금 다시 보니 하나님의 철저한 계획이었음을 느끼게 된다. '복음을 광고하라' 는 사명을 그때 이미 내게 주셨던 것이다.

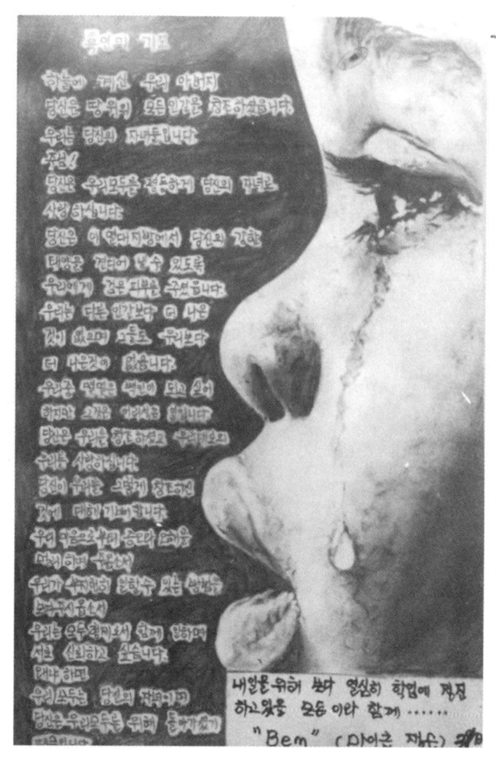

어머니와 순금의 쌍가락지

　제대 후에도 지독한 가난은 떠날 줄 몰랐다. 대학은 합격했지만 등록금 마련이 보통 일이 아니었다. 부모님은 어렵게 시작된 맏아들의 꿈을 지지해주시려고 백방으로 노력하셨다. 하지만 등록마감일이 다가와도 등록금 마련은 해결될 기미가 보이지 않았다.

　당시 어머니께서는 버려진 헌옷가지들을 정리하는 일을 하셨다. 그 날도 어머니는 일을 시작하기 전에 기도를 드렸다고 한다. 그런데 탄식의 기도 밖에 나오지 않더라고 했다.

　"주여! 하나뿐인 아들의 대학 등록금을 마련할 길이 없습니다. 주님 불쌍히 여기시고 도와주소서!"

　그 때 헌옷들 사이의 옷 주머니 하나가 손 안에 묵직하게 잡혔다고 한다. 확인해 보니 흰 손수건에 묶인 작은 꾸러미 하나가 나온 것이다. 손수건을 풀어보니 순금의 쌍가락지가 나왔다. 그걸 발견하고 얼마나 놀라고 기뻤는지, 어머니는 춤을 추듯 뛰며 하나님께 감사를 드렸다고 한다. 어머니는 저녁에 귀가하시자마자 내게 금반지를 내놓으시며 말씀하셨다.

　"우리 아들, 하나님께서 대학 갈 수 있도록 허락해 주셨다."

　처음엔 무슨 말씀이신지 어리둥절했는데 자초지종을 듣고 나서는 나도 이 일이 결코 우연한 일이 아니라는 것 알 수 있었다.

　어릴 적에 나는 하나님께 대한 불만이 있었다.

　"하나님, 우린 왜 이렇게 가난한 건가요?"

　사실 그 때 내 신앙의 수준에서는 하나님의 복이 기복적인 돈인

줄로만 알고 있었기 때문이다. 멍하게 있던 내게 어머니가 당부를
하셨다.

"기섭아! 지금은 이렇게 어렵고 힘들지만, 언젠간 하나님께서
너에게 꿈을 보여 주실 것이고 복을 주실 거야. 그러니 오직 예수
님만 잘 믿어라."

이 사건으로 나는 하나님께서 나를 돕고 계시다는 것을 체험할
수 있었다. 이 반지는 진짜 금반지로 확인이 되었고, 금은방에 좋
은 값으로 팔았다. 그 때 당시로서는 매우 큰돈이었다. 이렇게 나
는 하나님 아버지께서 주신 장학금으로 첫 대학 등록금을 낼 수
있었다.

30여 년 전의 일이라 까맣게 잊고 있었는데 최근에 새벽기도를
하는 중에 그 때 일을 기억나게 해 주셨다. 새삼 어찌나 감격스럽
던지, 나는 꿇어앉은 채로 한참동안이나 감사의 눈물을 흘렸다.
여기까지 인도해주신 하나님께서는 내게 늘 환경과 상황의 어려
움을 이길 힘을 주셨다. 지금 생각해 보면 때를 따라 돕는 천사를
보내주셨다. 하나님의 은혜와 세심한 간섭하심은 가끔 단조로운
내 일상에서 역동적인 역사를 만들어내셨다.

광고인으로 산다는 것

대학을 졸업하고 서울에 올라와 3년 간 광고회사에 다녔다. 그
과정에서 내가 본능적으로 깨달은 건 광고라는 직업에 대한 정체

성이었다. 광고인 중에서도 디자이너란 직업은 다른 직업군에 비해 상대적으로 수명이 짧다는 거였다.

어느 영역이나 마찬가지겠지만, 광고판에도 소위 '금수저' 들이 있다. 아무리 실력이 있어도 밀어주고 당겨주는 학연과 지연 등 비빌 언덕이 있어야 광고회사에서 오래 살아남을 수 있었다. 광고에 대해 무지한 어느 재벌 3세가 부모를 잘 만났다는 이유 하나로 광고회사 대표로 있는 걸 보았다. 이런 광고회사는 땅 짚고 헤엄치기라도 하는 것 같았다. 따로 영업을 할 필요도 없이 계열사 광고를 도맡았다. 든든한 배경이라는 천연자원을 자원삼아 막대한 덕을 보고 있었다.

32살이 되던 해, 내 인생에서 커다란 두 가지 사건이 동시에 일어났다. 하나는 결혼을 못할 줄 알았던 내가 결혼을 했다는 사실이다.

중매로 만난 아내는 둘째 딸이었는데 첼로를 전공한 중학교 음악교사였다. 나와는 동갑이었는데 뒤늦게 알고 보니 초등학교 동창생이었다.

첫 만남에서 서로 마음이 통했다. 사실 객관적으로만 보자면 나는 번듯하게 내놓을 만한 배경이나 스펙의 주인공은 전혀 아니었다. 그러나 장모님께서는 딸과의 결혼 조건으로 딱 한 가지를 내걸었다. 예수 잘 믿는 사위를 원하셨던 것이다. 마침 그 무렵 나는 교회에 열심히 다니고 있었다. 언뜻 보기에는 믿음이 좋은 배우자감이요 사윗감이었던 것이다. 나는 아내와 3개월 만에 초고속 결혼식을 올렸다.

중매를 해 주신 아주머니와 나 사이엔 아주 재미있는 이야기가 있다. 내가 중학교 2학년 때였다. 그 분은 보험 영업을 하던 분이었는데 우리 집에 자주 들르곤 하셨다. 그 날은 부모님이 안 계실 때였다. 겨우 15살인 내게 쑥스럽고도 얼굴이 화끈거리는 말씀을 하신 적이 있다.

"기섭아, 너는 나중에 연애를 깊이 하지 말거라. 내가 너에게 아주 좋은 배우자를 소개해줄 거거든."

나는 그 말을 듣자마자 얼굴이 빨개져서 도망을 갔다. 그러나 어린 마음에도 누군가 내게 먼 훗날 좋은 배우자를 소개해 주겠다고 했던 그 말이 싫지 않았다. 막연하게나마 장성해서 결혼을 하게 되면 너무 가난하지 않고 행복한 가정을 꿈꾸었다.

그러한 기억조차 까마득히 잊어버린 채 어느덧 나는 32살 노총각이 되어 있었다. 요즘과 다르게 그 땐 서른 살을 넘기지 않고 결혼을 하던 때라 늦어지는 나의 결혼에 대해 은근히 걱정이 되었다. 그런데 어느 날 그 보험 아주머니께서 나타나 지금의 아내를 소개해 주셨으니 17년 만에 그 약속을 지키신 셈이다.

나는 외아들로 태어나 형제 없이 자라는 내내 자주 외로웠다. 그런 나에게 아내는 세 살 터울로 두 아들 형제를 안겨 주었다.

우리는 1년간을 주말 부부로 살았다. 아내의 직장 때문이었다. 서울과 광주를 오가던 중 아내는 전남 영광에서 경기도로 도간 내신을 냈고 바로 자리가 생겨 일산으로 전근을 오게 되었다. 파주에서 군 생활을 할 당시의 고된 기억들이 싫어서 그쪽 동네로는 아예 쳐다보고 오줌도 안 싸겠다고 했었다. 그런데 아내로 인해

신도시가 막 조성된 일산에 터를 닦게 되었고, 지금은 일산이 제2의 고향이 되었다. 인생은 우리 뜻과 무관하게 참 재미있게 흘러간다.

두 번째 사건은 결혼한 지 3개월 만에 맨 손으로 'JAD'라는 광고회사를 설립한 것이다.

아내와는 주말부부로 만나니 깊이 상의할 시간도 없이 갑자기 결정하게 되었다. 광고사업 하는 것을 뒤늦게 알게 된 아내는 결사반대했다. 아내의 집안 두 오빠들이 사업을 하다 실패해 부모님과 집안을 힘들게 하는 것을 보았기 때문이다. 내 의지가 굳건하다는 걸 안 아내는 조건을 하나 내걸었다. 양가 부모님께 허락을 받는다면 수락하겠다는 것이다. 다행히 허락이 떨어졌다. 1994년 9월 1일 동교동에 있는 선배 사무실을 반만 빌려 쓰기로 하고 광고회사를 열었다.

나는 정말 광고시장의 치열함을 잘 몰랐다. 그저 내 실력을 아는 대학 동문들이나 지인들이 내가 독립한 걸 알면 도와주겠지 하고 쉽게 생각했다. 그런데 막상 친구들이나 지인들을 찾아다녀 보니 단 한 사람도 도와주는 사람이 없었다. 영업한 지 며칠 만에 다리가 풀리더니 하늘이 노랗고 눈앞이 캄캄해졌다. 대기업에 영업을 하고 싶어도 이미 그룹사에서 운영하는 '하우스 에이전시'가 있다 보니 아예 진입이 불가했다. 사업을 시작하자마자 높은 장벽을 만나게 되니 저절로 한숨이 나왔다.

어떻게 해야 하나? 절망감에 무릎이 꺾였다. 사무실에서 기도하는 것 외에는 딱히 할 일이 없었다. 얼마간의 시간이 지났다.

갑자기 대기업 LG 직원으로부터 전화가 왔다. 진행하려고 하는 프로젝트가 있으니 회사로 한번 들어와 보라는 것이다. 얼마나 반갑고 기뻤던지 "주님, 감사합니다."소리가 터져 나왔다. 미팅 장소까지 찾아가는 길은 구름 위를 걷는 기분이었다.

내게 전화를 건 그 직원은 내가 직장생활을 할 때 잠시 같은 프로젝트를 맡아 한 팀이 되어 일한 적이 있었다. 그런데 내가 사업을 시작했다는 소식을 듣고는 곧바로 자신의 팀 리더에게 나를 소개해준 것이다. 그리고 첫 프로젝트로 코엑스에서 하는 큰 이벤트 광고 제작물들을 의뢰해 주었다. 미국에서 공부한 그는 회사의 말단 직원임에도 불구하고 상사의 눈치를 보지 않고 주도적으로 일을 아주 잘 하는 것 같았다. 그 어렵다는 대기업의 장벽을 뚫고 일을 따냈으니 나로서는 구세주를 만난 기분이었다.

회사 홍보물을 하나 따내려면 경쟁력은 기본으로 갖춰야 하고, 쥐꼬리만큼 작은 일이라도 일단 붙잡아야 한다. 대기업들은 실력에 대한 신뢰와 의리로 한 회사에 일을 맡겨주는 게 아니라, 최소한 두세 개의 광고회사에 경쟁을 붙인다. 그러면 아주 적은 광고 제작 대행료를 주는 일감이나마도 따내기 위해 머리에서 쥐가 나도록 날밤을 새워 프리젠테이션 준비를 한다. 그나마도 경쟁에서 떨어지면 힘들게 준비한 작품들은 아무런 보상도 받지 못한 채 사무실 구석에 처박히게 된다. 작은 회사는 시안을 만드는 일에서부터 경비의 출혈이 크다. 운 좋게 광고제작물을 따내 진행한다고 해도 단발로 끝나는 경우가 많다. 그래서 독립적으로 광고회사를 운영한다는 것은 참으로 어려운 일이다.

'크리에이티브 NO.1' 이라는 회사의 슬로건 아래 다행히도 사업은 승승장구했다. LG, 해태, 대교 등 굵직한 클라이언트^(광고주)를 확보해 일하는 중간에 회사를 명동으로 확장 이전하게 되었다. 연말이 되면 가족과 전 직원과 함께 제주도로 워크숍을 다녀올 수 있을 정도로 사업은 자리를 잡았다.

그렇지만 행복은 오래 가지 않았다. 7년 동안 온 정성을 쏟아부은, 분신과도 같은 광고회사를 그만 정리해야 했다. 그 당시에 한국을 뒤흔들었던 IMF의 후유증을 이겨내지 못한 것이다. 사업에 실패했다고 생각하자 모든 것이 무의미하게 느껴졌다. 좌절과 낙담이 깊어져 도무지 재기할 힘과 용기가 생기지 않았다. 그런 시간이 길어지다 보니 이 괴로운 세상을 차라리 굵고 짧게 정리하자는 생각이 들었다. 나의 다음 일정은 죽음이었다.

꼬이기만 하는 인생에 더는 미련도 없었다. 그런데 이 땅에서의 마지막 자존심이었을까, 죽기 전에 내 모든 걸 쏟아 부은 광고 하나 만들어 죽은 뒤라도 세상의 인정을 한 번 받는 광고인 정기섭으로 남고 싶었다.

그 때 만든 광고가 바로 '해머' 작품이다. 내가 만든 이 광고가 조선일보광고에 입상하게 되었다. 이 작품은 미국의 클리오 광고제에서도 파이널 리스트에 올라 당시의 광고업계를 놀라게 했다. 수많은 호평을 들으며 잠시 기쁨을 맛보았지만, 1등이 아닌 현실을 반전시킬 수는 없었다. 죽기 전 마지막으로 세계 광고인들에게는 올림픽과 같았던 프랑스 칸 국제광고제에 연속으로 출품해 보기로 했다.

촌놈이 죽겠다고 날아간 프랑스

난생 처음으로 해외로 나가는 비행기에 몸을 실었다. 나는 비장한 마음으로 광고인들의 축제의 자리에 가지만, 출품한 그 작품은 사실상 내 인생 마지막을 장식해줄 유품 같은 거였다. 비극적인 인생을 마감하려는 의도를 가지고 2001년 6월 8일 프랑스 칸으로 출발하게 되었다.

프랑스 드골 공항에 도착해보니 숨이 탁 막혔다. 아무런 계획도 없이 온 첫 해외 방문이라 어디로 가야 할지도 몰랐다. 공항 로비로 가면 한국인을 만날까 싶어 발걸음을 그리 옮겼다. 그런데 하필이면 그날 국내 항공사가 다 파업을 하던 기간이어서인지 한국인들은 한 명도 만날 수 없었다.

그런데 멀리서부터 유학생인 듯한 한국인이 다가오고 있었다. 얼른 다가가서 혹시 파리 시내에 민박을 소개할 집이 있는지 도움을 요청했다. 다행히 그는 픽업맨이었고 도와주겠다고 해서 공항을 출발하여 시청 근처의 퐁피두센터에 도착했다.

그는 조선족이 운영하는 민박집으로 나를 안내해 주었다. 시설은 노후했지만 주인은 친절했다. 다섯 명 정도가 숙박을 하고 있던 중이었다. 저녁식사 시간에 두 달간 유럽을 여행 중이라는 50대 후반의 한 부부와 교제하게 되었다. 일주일 계획으로 스위스를 돌아봤는데 너무 좋아서 보름 더 연장하고 왔다는 말에 스위스까지 갈 수 있는 길을 자세히 안내 받았다. 내 계획에는 전혀 없었지만 기왕 인생의 마지막 길이니 아름답다는 스위스 여행을 마치고 떠나는 것도 괜찮은 생각이라고 스스로를 위로했다.

다음 날, 제네바 행 테제베 기차를 타려고 나갔다. 언어가 안 되니 기차역에서 표를 구매하는 것부터 여간 어려운 일이 아니었다. 그런데 플랫폼에서 한국인들을 만났다. 내게 구세주와도 같았던 그들은 한국 KTX에서 테제베에 연수를 온 기관사들이었다. 양해를 구하고 제네바 행 표를 구해달라고 부탁하니 친절하게 표를 구해 주었다.

테제베 기차의 넓은 좌석이 마음에 들었다. 이국적인 풍경이 가슴을 시원하게 했다. 역마다 사람들이 내리면 가족들이 마중을 나와 포용과 입맞춤을 하는데, 문득 한국에 있는 가족들이 생각났다. 그것도 잠시, 달리는 기차의 창밖으로는 목가적이며 평화로운 농촌 들녘이 보였다. 하늘의 구름은 마치 하나님이 한 편의 명화를 그려 놓은 듯 눈이 시리도록 아름다웠다.

스위스 제네바에 도착하니 저녁 6시쯤 되었다. 열차는 끊겼고 인터라켄으로 가는 첫 연결 기차는 다음 날 새벽 6시에 있었다. 어쩔 수 없이 하룻밤을 제네바에서 지내야 했다. 나는 기차역 대합실 라커룸에 배낭을 넣었다. 몸이 가벼워지니 잠시 시름도 사라진 듯 자유로운 영혼이 되었다. 역 주변을 돌아보니 술집들이 있어 한 곳으로 들어갔다. 우리나라의 술집들과 크게 다르지 않았다. 맥주를 한 잔 시켜 마시니 여행의 피로가 풀렸다. 술집에서 나와 기차 대합실 의자에서 잠을 청했다.

이른 새벽 첫 열차로 떠나는 인터라켄 여행은 꿈속을 가는 것 같았다. 전혀 예상하지 못한 여행이었기 때문에 더 스릴이 있었다. 안개가 자욱한 아침 기차를 타고 가는 6월의 스위스는 기대 이상으로 아름다웠다. 인터라켄에서 융 플라워로 올라가는 산악열차를 타고 본 풍경은 아름다운 동화나라에 온 듯 했다.

다시 가족이 생각났다. 이런 멋진 광경을 혼자만 본다는 게 적잖이 미안해졌다. 아내와 아이들을 데리고 함께 왔다면 더 좋았겠다고 생각하니 더 마음이 아프고 내 자신이 부끄럽기도 했다.

융 플라워 정상은 눈으로 덮여 있었다. 멀리 얼음 동굴 근처에서 스키 타는 사람들을 볼 땐 잠시 나까지 마음이 들뜨기도 했다. 융 플라워에서 만난 한국인 대학생들 다섯 명과 빠르게 친해졌다. 자신들이 묵고 있는 유스호스텔을 소개해주어 함께 가게 되었다.

다음 날 저녁 프랑스 칸으로 가는 기차는 난생 처음으로 타는 침대열차였는데 누우니 꿈만 같았다. 그러다 순간, 이곳까지 온 진짜 목적을 생각하니 정신이 번쩍 났다.

나를 구원해준 광고

이른 아침 프랑스 칸에 도착했다. 나는 곧장 전시장으로 갔다. 가던 중 지인을 만났는데 전시장에 들어가기도 전에 아쉬운 소식을 듣게 되었다. 이번엔 한국 광고회사들이 출품한 작품 중 입상작이 한 작품도 없다는 내용이었다. 그 말을 듣자 온 몸의 기운이 다 빠져나간 듯 했다. 이 먼 곳까지 내가 온 것은 마지막 출품작이 수상을 하여 멋지게 스포트라이트를 받으며 삶을 마감하려는 것이었는데 그 계획에 차질이 생겼으니 말이다.

갑자기 분노가 치밀었다. 도대체 어떤 작품들이 상을 받았는지 내 두 눈으로 직접 확인해야겠다는 생각이 들었다. 전시장으로 들어가서 다양한 광고 작품들을 보는데 조금은 실망스러웠다. 그런데도 내 작품이 이들 중에 있지 않다는 사실을 받아들여야 했다. 도저히 용납이 되지 않았다. 어찌할 수 없는 마음으로 남은 작품을 훑어보는데 금상을 받은 한 편의 광고가 눈에 들어왔다.

아주 단순했다. 아무런 그림도 없이 단 두 줄의 카피뿐이었다. 아니 어떻게 이런 게 금상이야 ······.

"신은 죽었다" – 니체   "니체는 죽었다" – GOD
(2001년 프랑스 칸 국제광고제 '금상' 싱가포르 O&M 제작)

처음에는 도무지 무슨 뜻인지 이해할 수 없었다. 그러다가 뇌리에 이 메시지가 훅 하고 들어왔다. '신은 죽었다'는 말을 뒤집어 표현함으로써 '하나님은 지금도 살아계신다'는 것을 깨닫게 하는 광고였다. 망치로 뒤통수를 한 대 얻어맞은 기분이었다. 싱가포르 기독교단체가 자국의 O&M 광고회사에 의뢰해서 제작한 이 광고의 전도 메시지는 지하철 와이드광고와 포스터, 전도지로 활용되어 많은 사람들을 교회로 이끌었다는 얘기를 나중에 들었다.

그날 거기서 나는 역발상의 광고와 운명적으로 만나게 되었다. 수많은 상업광고들이 섹스어필, 과장 광고, 창의성의 극치를 뽐내며 치열한 경연을 벌이는 그곳 칸 국제광고제에서 다른 것도 아닌 기독교 전도 캠페인이 금상을 획득한 것이다.

"예수 믿으세요."

"회개하고 구원 받으십시오."

예수를 구주로 믿지 않는 사람들이 이 말을 들으면 어떨까? 죄에 대한 인식 자체가 세상 사람들에겐 불쾌할 것이고, 회개라는 말이 주는 무거움과 독촉하는 듯한 뉘앙스에 부담부터 느낄 것이다. 그런데 이 광고의 글귀는 그런 뻔한 말보다 강하게 사람의 영혼을 붙드는 것 같았다.

죽으려던 나는 바로 그 자리에서 살아계신 하나님을 만났고, 배아래쪽에서부터 뇌로 치고 올라오는 기쁨으로 충만하게 되었다. 모태신앙으로 수십 년간 교회는 다녔지만 한 번도 하나님을 만나지 못했던 나를 찾아오신 하나님을 인격적으로 만나는 결정적인 순간이었다.

늘 성경 말씀 안에만 갇혀 계신다고 생각했던 하나님은 먼 중동 땅 이스라엘 민족의 하나님에서 살아계신 나의 하나님이 되셨다. 뜨거운 회개의 눈물이 터져 나왔다. 살아가야 할 이유를 몰랐던 나를 자비하신 하나님께서 이곳 칸까지 부르셨고 구원해주셨다. 하나님은 탕자인 내 곁으로 광고라는 밥상을 한 상 차려 들고 찾아오셨다. 하나님이 없다던 니체를 죽이시고, 삶을 포기하려던 나를 지구 반대편으로 부르셔서 살려주신 것이다. 나는 감동과 충격으로 그 자리를 떠나지 못했다.

진리를 깨닫자, 나는 자유함이 무엇인지 알게 되었다. 뿐만 아니라 그것을 누릴 수도 있게 되었다. 주님을 떠나 살았던 나의 모든 세월이 너무나 헛되고 헛되었다는 것을 깨달았다. 내 영혼을 하나님께서 받아주실지 확신할 수 없는 가운데 두렵고 떨림으로 회개하게 되었다. 하나님께서는 밭에 감추어두셨던 복음광고라는 보화를 발견하게 하셨고, 사명자로 나를 불러내시고 세우셨다.

"이제 덤으로 사는 인생입니다. 나를 위해서 살지 않고, 맡겨주신 사명을 감당하며 하나님의 나라를 위해 살겠습니다."

세상에는 두 부류의 사람이 있다.

첫째, 때려 죽여도 끝까지 예수를 믿는 사람이 있고, 둘째, 때려 죽여도 예수를 안 믿는 사람이 있다. 중간 지대는 없다. 하나님의 영에 사람과 사단의 영에 사로잡힌 사람으로 세상 끝나는 날 이 두 부류는 천국과 지옥으로 갈릴 뿐이다. 진리는 아주 단순하다.

일주일간의 칸 광고제를 마치고 나는 살아서 집으로 돌아왔다.

제5의 광고

광고는 주체에 따라 크게 상업적인 광고와 비영리 광고로 나뉜다. 또한 목적과 내용에 따라서 다시 4가지 광고로 분류된다.

제1의 광고는 상품^(제품)광고로 기업의 상품이나 서비스에 대한 정보를 다양한 매체들을 통해 소비자에게 알려서 구매하도록 설득하는 광고라 하겠다.

제2의 광고는 기업광고로 기업이미지를 좋게 하는 것을 목적으로 한다. 기업의 이미지가 실추되었을 때, 새로운 이미지 부각을 위해 회사의 심벌을 바꾸는 등 기업 정체성[CI]을 재정비함으로써, 실추된 회사 이미지를 회복시키는 광고다.

제3의 광고는 의견광고로 개인 및 조직이나 단체가 특정한 사안에 대해 각자의 의견을 신문이나 잡지 등에 게재하는 방식이다. 의견광고의 좋은 예로는 뉴욕타임즈誌에 실었던 독도 홍보에 관한 광고를 들 수 있겠다. 독도가 한국의 영토라는 것을 세계에 알리는 광고이다.

제4의 광고는 공익광고이다. 기존 광고들과 달리 공익성을 목적으로 한다. 우리 사회의 크고 작은 문제점을 찾아내 해결방법을 제시하는 광고로서 광고의 사회적 기여뿐만 아니라 광고 자체의 위상을 높인다. 공익광고는 국민 계몽과 복지를 증진시킬 목적인데 대표적으로 캠페인이 이에 해당된다. 즉 담배의 유해성과 음주운전, 마약근절, 환경보호 등의 광고가 공익광고의 단골 주제들이다. 공익광고는 사회제반의 문제들을 공공의 이익과 인간존중의 정신에 입각하여 대중들의 공감과 행동유발을 이끌어내는 착한 광고다.

1980~90년대식 구태의연한 방법으론 복음이라는 생명브랜드 선호도를 올리는 데는 이제 시대적으로 합당하지 않다. 오히려 강한 거부감을 일으키게 한다.

브랜드 파워가 높거나 대기업일수록 광고하기가 쉽다. 직접적으로 제품을 홍보하거나 기업이 하는 일을 일일이 설명하지 않아도 이름만 듣고도 자연스럽게 그 기업의 제품과 이미지가 한꺼번에 떠오르기 때문이다. 이미지로만 광고를 만들어도 충분한 홍보 효과가 있다는 말이다.

그런데 우리는 복음이라는 우주 최강 브랜드를 광고하는데 왜 주저하고 있었을까? 4차 산업혁명 시대에도 여전히 옛 방식을 사용함으로써 너무나 많은 잠재고객^(예비 신자)을 놓치고 있다. 시대가 달라졌고 메시지를 받아들이는 사회의 소통방식이 변화했다면, 당연히 전도의 방식도 변화해야 한다.

지하철안에서의 일방적인 외침은 같은 크리스천마저도 눈살을 찌푸리게 할 뿐 아니라 자칫 배타적이며 막무가내라는 인상과 함께 거부감을 주기 쉽다. 이제는 신고와 함께 기내방송과 단속까지 하고 있어 가까스로 마음의 문을 열렸다가도 지레 질려서 도로 문을 닫게 한다는 생각마저 들게 한다.

또 전도라고 해서 휴대용 물티슈에 교회 이름과 약도를 그리고 잡다한 생활수칙들을 적은 전도용품을 나눠주는데 예수복음을 알리기 위함인지 교회를 알리기 위함인지 스스로 자문을 해보아야 하지 않을까한다.

유일한 진리인 복음은 땅 끝 모든 사람들에게 반드시 전해야만 하는 절대가치 중에서도 최우선해야만 하는 가치이다. 광고로 표현한다면 우리의 전도 방식을 통해 불신의 세상이 진리를 구매하도록 해야 하는 것이다. 복음이라는 진리를 구매하는 데는 물리적 비용 따위는 지불하지 않아도 된다. 오직 자신의 삶에 감격하고 기뻐하며 자유함을 누리는 것으로 치르면 그만일 뿐.

그런 의미에서 제5의 광고는 복음광고이다. 이제 우리는 "복음을 광고하라”는 사명을 받은 것이다. 제5의 광고라는 새로운 장르를 개척해 궁금증을 유발하고 재미있게 진리를 깨닫게 하는 데 전력질주를 해야 한다.

상품 자체가 지니고 있는 가치가 높고 대상이 많을수록 적극적으로 광고해야 한다. 복음이 바로 그렇다. 복음은 안일하게 받아 달라고 부탁하는 낮은 가치가 아니라, 자신 있게 팔아야 하는 명품 최고급 생명 광고다. 세상 사람들이 복음광고에 주의를 기울이고 흥미를 가진 후 그것이 궁금해질 때, 복음을 받아들이도록 우리가 도와야 하는 것이다.

영성과 전문성을 갖춘 크리스천 광고인들에게 복음광고는 우리의 몫이고, 그렇게 복음광고를 접한 사람들을 인격적으로 만나주시는 분은 하나님이시다. 우리 몫은 복음이 사람들에게 전달되게 하는 일이다. 그것도 궁금증을 일으켜서 재미있고 효과적으로 빠르게 전달되면 더 좋다. 이 세상에서 가장 전달이 쉬운 소통의 매개체는 시각언어다. 통역이나 번역이 필요 없고, 시간도 오래 걸리지 않는다.

이제 세계만국의 공통어인 시각언어로 예수님의 지상 명령인 ‘땅 끝까지 복음을 전하는’ 것. 그것만이 우리가 할 일이다.

치유

2002년, 둘째아들 지우가 5살 때였다.

입천장에서 이가 자라고 있는 것을 발견하고 치과로 갔다. X레이를 찍어 보니 입천장에 난 이는 과잉 차아로 당장 뽑아 버리면 되는 것이었다. 그런데 문제는 그게 아니었다. 유치 위쪽으로 영구 치아가 코 쪽을 향해 뒤집혀 있어 반대로 자라고 있다고 했다.

나는 심한 충격을 받았다. 게다가 당장은 아이가 어려 수술을 할 수도 없고, 이를 가는 7살 때나 되어야 수술이 가능하다고 했다. 수술은 대형병원에서만 가능하고, 뒤집힌 영구치까지 뽑아내야 하는 간단치 않은 문제였다.

둘째아들은 성격이 아주 내성적이고 예민한 아이다. 앞니에 해당하는 영구치가 뒤집혔으니 그걸 의치로 대체한다고 해도 아무래도 성장과정에서 콤플렉스가 될 것 같아 걱정이 되었다. 설상가상으로 아내가 내게 한 말 때문에 더욱 부담이 되었다. 프랑스에서 회심하고 돌아와 매일 뜨겁게 새벽기도를 하는 나를 묵묵히 지켜보고 있던 아내는 아들의 치과 진료 결과를 듣고 내게 이런 말을 했다.

"우리 지우의 뒤집힌 앞 영구치아가 바르게 돌아온다면 나도 하나님이 살아 계신 줄 믿을 수 있겠어요."

기가 막힐 이야기였다. 그러나 난 아내에게 반드시 하나님이 살아계심을 볼 수 있게 하겠다며 턱 하니 약속을 해버렸다. 그로부터 아들이 7세가 되는 2년 동안 나는 그 어떤 기도보다 아들의 영구치 기적을 위해 기도하게 되었다.

아들이 일곱 살이 될 때쯤, 위쪽 이가 흔들려 뽑고 보니 영구치가 나오고 있었다. 그런데 오른쪽 위에 있는 치아는 아직 유치 상태 그대로였다. 부랴부랴 세브란스 치과로 가서 MRI를 찍었다. 문제의 오른쪽 영구치는 코 쪽을 향해서 더 크게 자라고 있었다. 의사의 급한 권유로 즉시 수술을 해야 했는데 그게 끝이 아니었다. 오른쪽의 뒤집힌 영구치 사이로 또 과잉 치아 하나가 일자로 누워 있다는 것이다. 혹 떼려고 갔다가 혹 하나를 더 붙이고 오는 격이 되었다.

치아 교정 대수술 날을 바로 다음날로 잡았다. 전신마취를 해야 했기에 보호자 동의서에 사인을 하게 되었는데 마음이 더욱 불안해졌다. 수술을 해 본 사람들은 알 것이다. 동의서에는 혹시 일어날지 모를 끔찍한 후유증에 대해 구구절절 쓰여 있는데 그야말로 극한 상황의 모든 나쁜 경우가 빼곡했다. 전신마취 중에 깨어나지 않을 수도 있고, 또는 사망할 수도 있다고 하는데 사인을 안 할 수도 없고, 선뜻 할 수도 없고, 그야말로 진퇴양난이었다. 내가 부모라는 게, 우리 가정의 최종 결정자가 나라는 게 그렇게 힘겨울 수가 없었다.

다음 날 새벽기도 때, 전신마취를 하지 않고 수술할 수 있도록 해 달라고 간절히 기도를 드렸다. 수술 당일인 오전에 병원으로 가는 발걸음이 정말 무거웠다. 의사와 면담을 하니 대뜸 물어왔다.

"아이가 참을성이 좀 있는 편인가요?"

둘째아이가 참을성이 꽤 있는 아이라는 것을 잘 알고 있기에 그렇다고 했더니, 그럼 부분마취만 하고 수술을 하자고 한다.

2시간이 지나고 3시간이 지나도 수술은 끝나지 않았다. 4시간이 지나서야 의사가 나왔는데 대체 무슨 말인지 알아들을 수가 없고 아들의 상황 또한 파악할 수 없었다. 수술은 시도만 했을 뿐 아무것도 변화된 것이 없었기 때문이다.

막상 수술실에서 아이의 구강 치아 상태를 보니 아이가 어려서 이 크기가 너무 작고, 치아 신경을 건드려 더 악화될까 염려되어 수술이 불가했다는 것이다. 다른 의사까지 다시 들어가 시도했지만 결국 손도 못 대고 나왔다며 무척 미안해했다. 그러면서 일 년 뒤에 다시 수술을 해 보자고 했다. 대신 수술비용은 받지 않겠단다.

수술실에서 나오는 아들 녀석을 보니 눈물이 핑 돌았다. 4시간 넘게 잠이 들지도 못한 부분 마취 상태에서 얼마나 고생을 했을까? 아이의 손을 잡고 병원을 나오며 하늘을 쳐다보았다.

'주님 이게 뭡니까?'

속으로 외마디 비명이 나왔다. 2년 동안 하나님께 얼마나 간절히 기도하며 매달렸는데 이렇게 되다니, 그날은 실망이 너무 컸다.

보름쯤 지났는데 아들의 위쪽 잇몸이 이상했다. 다시 세브란스 치과 병원에 갔다. MRI를 찍고 의사와 마주 앉았는데 의사가 흥분을 가라앉히지 못하며 설명을 했다.

"아, 이거. 의학적으론 도저히 설명할 수 없는 기이한 일이 일어났어요. 코 쪽으로 향해 자랐던 영구치아가 다시 원위치 쪽으로 돌아오고 있어요."

"네? 그게 도대체 무슨……."

"이건 아빠의 기도 덕분이라는 말밖에는 해석이 안 됩니다."

할렐루야~ 주님께서는 내가 기도한 것 이상의 것까지 응답해 주신 것이다.

그 후로 영구치는 90도 정도로 돌아온 상태로 잇몸을 뚫고 나왔다. 다시 돌아 온 이 뒤쪽에 버튼을 달고 입 안에 장치를 해서 원위치로 돌아올 수 있도록 당기는 시술이 이어졌다. 앞 영구치를 뽑아내지 않아도 되었고, 속에 누워있는 치아는 문제가 되지 않도록 해결이 된 것이다.

아들의 원위치로 돌아온 앞 영구치를 자세히 보면 정상적인 이는 앞면이 매끄럽고 뒷면은 조금 홈이 파여 있는데 문제가 됐던 이는 뒤쪽의 파인 면이 앞쪽으로 와 있다. 하나님께 받은 기적의 증표인데 그 후로 까맣게 잊고 있었다. 아들도 잊고 있는 듯하여 초등학교 6학년 때, 살아계신 하나님을 얘기하며 기억을 꺼내주었다.

지우가 중학교 2학년 때였는데 모르는 번호의 전화 한 통을 받았다. 세브란스 병원에서 아이의 치아를 담당했던 의사였다. 다른 병원에서 근무하고 있었는데 다시 이 병원으로 돌아와 시간이 지나도 그 때의 기이한 체험이 잊히지 않는다며 아이의 현재 상태가 어떠냐는 안부전화였다. 시간이 되면 한번 병원에서 보고 싶다고 했는데 바쁘게 살다가 보니 만나지는 못했다. 그 아들이 지금은 대학교에 다니고 있는데 현재는 휴학하고 건강하게 카투사로 군 생활을 하고 있다.

열정은 아름다운 것

2002년 뜨거웠던 월드컵이 막 끝나갈 때쯤이다.

사무실 이전 문제를 놓고 기도하고 있었다. 제2의 창업을 하는 마음으로 다시 시작하려고 했지만, 사업 자금은 하나도 준비되어 있지 않았다. 광고인들에겐 로망인 강남 신사동, 지금의 가로수 길에 있는 여러 부동산을 돌며 사무실을 알아보았지만 조건도 안 맞고 사무실도 마음에 들지 않았다. 20여 곳을 넘게 다녔으니 안 가 본 부동산이 없을 정도였다.

내가 원하는 조건은 간단했다. 임대료는 싸야 하고, 지하 사무실은 안 되고, 엘리베이터가 있어야 하며, 손님이 오시면 주차할 주차장이 있는 조건이었다. 돈 없는 사람이 좋은 조건은 다 찾고 있으니 사무실이 구해질 리가 있겠는가. 내가 무리한 기도를 하고 있다고 여기면서도, 그 어느 조건 하나도 포기가 되지 않으니 괴로웠다.

그러던 중에 어느 부동산 사장이 하는 혼잣말을 듣게 되었다. 건물주가 사용하려고 건물 옥상에 지어 놓은 사무실이 있다는 말이었다. 순간 옳거니 싶었다. 부동산 사장이 말한 그 건물 옥상에 갔더니, 사무실이 막 완공되어 있었다. 인테리어도 멋있는데다, 생각해 보니 내가 찾던 조건을 모두 갖춘 곳이었다.

관리인에게 물어보니 건물주는 괌에서 사업을 하고 있어서 만나기가 어렵다고 했다. 그리고 그 건물은 주인이 직접 쓰려고 많은 돈을 들여 만들었으니, 아마 다른 사람에게 임대를 하지는 않을 거라는 말도 해주었다. 내가 하도 사정을 하니 주인이 오면 한 번 이야기는 해 보겠다고 했다. 나는 반강제로 명함을 쥐어주고 왔다.

그때부터 나는 그 건물이 있는 신사동에 가게 되면 옥상의 사무실 문고리를 잡고 기도하기 시작했다. 성경에 나오는 여호수아의 여리고 작전처럼 건물을 한 바퀴씩 돌며 소리 없이 기도하고 돌아왔다.

어느 날 관리인으로부터 건물주가 서울에 왔다는 연락을 받았다. 부랴부랴 건물주와 만나게 되었다. 건물주는 60대쯤으로 보였는데 아주 좋은 인상을 가진 분이었다. 나는 다른 설명 없이 그동안 옥상 사무실을 놓고 기도한 내 상황을 말했고, 건물주는 내 간증을 진지하게 경청해 주셨다.

"그러시군요. 사실 이 사무실은 내가 쓰려고 만든 공간입니다. 그럼 혹시 임대료는 얼마나 생각하고 계십니까?"

차마 입에서 말이 떨어지지 않았다. 기도한 것 외에는 내가 생각해도 너무 터무니없고 염치없는 조건이란 걸 잘 알기 때문이다.

"죄송하지만 보증금 500만 원에 월 50만 원입니다."

건물주는 놀라 나자빠지는 듯한 반응을 보였다. 왜 안 그러겠는가.

"아이고 참, 저 사무실은 지금 얘기하신 가격의 10배쯤 이상이 되는 시세입니다."

나는 정말 부끄러워서 쥐구멍이라도 들어가고 싶었다. 건물주의 말은 틀린 말이 아니었다. 나는 더 붙일 말이 없어 민망했다. 명함을 전하며 인사치레로 한번만 더 생각해 주시라며 부탁을 하고 나왔다. 돌아오며 내가 너무 허황된 꿈을 꾸었다고 자책하며 허탈해했다.

그런데 다음 날, 건물주에게서 전화가 왔다.

"계약합시다. 어제 제시한 조건 그대로요. 당신의 열정에 감동했기 때문이오. 사업이 잘 되셔서 성공하시길 바랍니다."

어찌나 황송하고 감사하던지, 건물주에겐 고맙다는 말 외에는 할 말이 없었다. 바로 관리인과 계약을 하라고 말해주었다. 기쁨의 눈물이 흐르고 내 입은 할렐루야만 외쳤다.

그러나 이제부터가 진짜 문제였다. 사실 건물주와 면담을 할 때는 최소한의 계약금을 제시했지만, 정작 내 수중에는 그 최소한의 계약금조차도 준비되어 있지 않은 상태였다. 하지만 마음 가운데 이번에도 주님께서 인도해주실 것이라는 확신이 들었다.

길을 가는데 마침 은행이 보였다. 불현듯 통장에 잔고가 없었지만 확인하고 싶은 마음이 들었다. 분명히 들어올 돈은 없었다. 그런데도 발길이 자꾸 은행 쪽으로 돌려졌다. 미친 짓이다 생각하면서도 나는 통장 정리기에 통장을 넣었다.

그런데 이게 무슨 일일까. 통장을 넣는 시각에 맞추어 월말에나

결재해 줄 거래처에서 계약금만큼의 돈을 입금했다. 놀라운 일이었다. 믿어지지 않는 가운데서도 서둘러 관리실에 가서 계약을 하고 충무로 사무실에 돌아왔다.

한나절 동안 겪은 일이 하도 기이해 하나님의 도우시는 은혜를 직원에게 이야기하고 있었다. 그때 거래처에서 전화가 왔다. 결제할 돈을 조금 전에 미리 보냈으니 확인해보라는 거였다.

하나님의 도우심은 거기서 끝나지 않았다. 계약금은 처리했으나 말일에 완납할 보증금이 또 없었다. 주일 예배를 드리고 나오는데 그때 갑자기 교회에서 만난 한 교우가 기업 카탈로그를 급하게 제작해야 한다며 주문을 해왔다. 말일 쯤 제작을 완료해서 납품하니 납품과 동시에 대금을 입금해주었다. 치러야 할 보증금 잔액과 딱 맞았다.

하나님의 섬세하신 은혜를 거듭 겪고 보니 다른 생각이 들지 않았다. 주님을 사랑하고 늘 처음처럼 신앙생활을 하리라 다짐했다. 그리고 만나는 모든 분께 내가 믿는 예수님과 내가 체험한 하나님의 은혜를 간증했다.

이런 기적의 근원은 하나님의 사랑이고, 새벽의 골방기도에서 시작되었다고 생각한다. 그로부터 지금까지 나는 이 나라와 한국 교회의 지도자, 크리스천들에게서 회개운동이 일어나게 해달라고 기도하고 있다. 이 작은 기도의 불씨가 각 사람에게도 옮겨 붙기를 기도한다.

나처럼 어려운 고난을 겪거나 사업과 건강 문제로 힘든 사람을 볼 때면, 새벽예배와 골방기도를 추천한다. 큰 은혜의 복을 준비해 놓고 나를 기다리시는 살아계신 주님을 만나라고 촉구한다. 그리 아니 하실지라도 주님만 바라보고 나아가다 보면, 모래폭풍이 부는 광야학교에서 젖과 꿀이 흐르는 가나안 땅으로 인도하시는 주님을 구주로 고백하게 될 것이다.

"수의에는 주머니가 없단다"

유럽에서 돌아와 집 근처의 가까운 교회에 등록하고 온 가족이 신앙생활을 하게 되었다. 많은 간증들이 있었지만, 가장 기뻤던 것은 역시 사업의 실패에서 1년 만에 새롭게 신사동에 사업장을 허락해 주신 것이다.

물론 나는 처음부터 복음광고 창작만을 고집하진 않았다. 상업광고를 주로 제작하며 복음광고를 병행하는 수준이었다. 사업은 안정되어 갔고, 꾸준히 복음광고의 아이디어를 기도하고 있었지만, 3년이란 기간 동안 한 작품도 쉽게 만들어지지 않았다. 참 이상한 일이었다.

2005년 8월 대한민국공익광고 공모전 기한이 한 달 앞으로 다가왔다. 나는 한 달간의 작정기도를 결단하고, 새벽예배 후 교회 지하 골방 기도실에서 매일 한 시간씩 기도했다. 세상 캠페인이 아니라 복음광고의 영감을 받아 전도의 도구로 쓰임 받고 싶었다. 그때부터 하루, 이틀, 사흘 … 1주, 2주, 3주, 4주 …

시간은 빨리 지나가는데 기도 중에 아무런 영감을 받지 못했다. 한 달이란 작정 기도 시간이 다 되어 가는데도 응답이 없어 답답하기만 했다. 마침내 공모전 마감일이 다가왔다. 작정기도 마지막 날 새벽 골방기도실에서 절박한 심정으로 기도했다. 하지만 왜 하나님께서 내게 영감을 주시지 않았을까를 곰곰이 생각을 해 보게 되었다.

그때 마음 가운데 감동이 차올랐다. 내가 작정기도를 시작하긴 했지만, 내 마음 깊숙한 곳까지 간절함으로 채워져 있진 않았다는 자책이 올라왔다. 울부짖는 기도를 하라는 마음과 그 절실함이 필요하다고 느껴졌다. 그런데 막상 갑자기 울려니 눈물이 나오질 않았다. 그때 파노라마처럼 어릴 적 생각이 지나갔다.

키가 작았던 나는 나보다 한참이나 큰 아이들이 집적댈 때 정공법으로 싸우면 이길 수가 없었다. 대신 기습적으로 다가가 머리로 헤딩을 하면 아무리 키가 큰 친구라도 코피가 나게 되어 있었다. 아이들의 싸움이라는 것이 코피가 나고 울음이 터지면 그것으로 끝이었다. 키가 작았던 나는 꽤나 개구쟁이였다.

순간 나는 한 평밖에 안 되는 골방기도실의 콘크리트 벽을 내 머리를 찧었다. 울고 싶었던 것이다. 그런데 어두운 골방이라 거리를 재지 않고 머리를 너무 세게 박은 탓인지 생각했던 것보다 심하게 아팠다. 별이 보이고 정신없이 아파 울다 보니 대성통곡이 되었다. 한참을 목 놓아 기도하는데 성령님의 감동이 음성처럼 들려왔다.

"수의에는 주머니가 없단다."

너무 놀라서 골방에 있는 스위치를 찾아 불을 켜고, 잊어버릴까 봐 수첩에 그 말을 받아 적었다. 부자든 빈자든 이 세상에서 마지막 입는 옷이 수의가 아닌가. 그런데 한 번도 직접 본 적이 없는 옷이기에 수의에는 정말 주머니가 없는지 갑자기 혼란스러웠다.

아침에 출근하자마자 직원에게 하나님께서 주신 아이디어를 보여 주니 이웃 사랑과 나눔을 위한 콘셉트로 접근하면 좋겠다고 했다. 문제는 촬영의 소품인 수의에 정말 주머니가 없는지 확인해야 했다. 마침 기도의 동역자가 생각나 전화를 했더니 집에 확인 해 보겠다면 5분 후에 다시 전화를 주었다. 할렐루야~ 어머님께서 준비 해 놓은 수의가 있다고 했다. 그의 홀어머니가 가족들도 모르게 수의 한 벌을 사가지고 계신 걸 그제서야 알게 되었다는 것이다. 그는 어머니께 전화 해 놓았으니 직접 수의를 받아다가 촬영을 하라고 말해 주었다.

어머님께서 장롱 깊은 곳에서 꺼내 주시는 두렵기도 한 그 수의를 두 손에 받아들고서 찬찬히 보자기를 풀어보았다. 마음이 먹먹해지면서 왈칵 눈물이 쏟아졌다. 진짜 없었다. 수의에는 분명 주머니가 없었다.

"수의에는 주머니가 없습니다."

큰 제목을 이렇게 잡았다. '이웃이 우리의 주머니입니다' 라는 문구의 부제목도 정했다. 중앙에 수의 사진을 넣었다. 이 광고를 불과 반나절 만에 제작하여 마감시간을 맞추었다. 하나님이 주신 아이디어로 제작한 이 공익광고는 '2005년 대한민국공익광고대상' 에 입상 했고, 그 당시 큰 사회적인 반향을 불러 일으켰다.

'수의' 작품이 복음광고의 첫 작품이었다. 하나님의 작품이다.

이 작품을 통해 내게 하나님 나라의 복음을 땅 끝까지 전해야 하는 동기가 되었다. 또한 세상 사람들이 복음에 주의를 기울이고 삶의 근본적인 질문을 통해 복음을 받아들이도록 돕게 하셨다. 이것은 우리 모두가 감당해야 하는 사명이다. 그런 의미에서 분명 복음의 메시지도 광고라는 도구로 활용해야만 한다. 특히 복음광고는 모든 사람들이 공감할 수 있고 보편타당한 공익적인 눈높이에서 제작되어야 한다.

공수래공수거(空手來空手去), 단 한 사람도 예외 없이 누구든 빈손으로 왔다 빈손으로 간다. 제 아무리 많은 돈과 권력과 명예를 가졌어도 결국 부르시면 빈손으로 하나님의 심판대에 서는 것이 인간의 숙명이다.

큰 부와 풍요가 넘치고 세속화된 사회에서는 모든 것을 버리라는 성경적인 가르침을 지키기가 더 어렵다. 많은 교회들은 가난해서 망하기보다는 부해져서 망하기 십상이다. 역설적이게도 성경은 부자가 천국에 들어가기가 낙타가 바늘구멍을 통과하는 것보다 힘들다고 말했다. 성경은 역발상으로 말씀하신다. 거지 나사로와 부자는 죽음 후에 세상에서 살 때와는 정반대의 상황으로 역전이 되었다. 부자청년은 자신의 소유를 나누지 못해서 예수님을 따르지 못했고, 결국엔 죽음을 맞아 아무것도 가지고 갈 수 없는 길로 떠났다.

수의를 입을 준비가 되어 있는가? 주 예수를 영접하라. 그럴 각오가 되어 있는 자만이 천국으로 가는 구원의 다리를 건널 수 있다.

은혜를 받고 나서 구원 받은 기쁨이 얼마나 컸는지 공적 예배에서 하나님께 예배드리는 것은 물론이고, 매일 매일 새벽기도를 드렸다. 비가 오나 눈이 오나 한 번도 빠지지 않았다. 주일예배, 찬양예배, 수요예배, 제자반, 사역자반, 남선교회 모임, 심지어 한 달에 한 번씩은 오산리기도원에도 올라갔다. 이렇게 교회에서 이뤄지는 프로그램에 다 참석하니, 나를 아는 모든 사람들에게서 변해도 너무 많이 변했다는 소리를 들었다.

교회의 한 권사님께서는 매일 혼자서 새벽 기도하는 나를 총각인 줄 알고 눈여겨보다가 자신의 외동딸 사윗감으로 점을 찍어 놓으셨다고 한다. 한번은 아내가 교회의 모임에서 그 권사님과 한 조가 되어 교제를 하게 되었는데 무슨 이야기 끝에 내 얘기를 하더라는 것이다. 자세히 들어 보니 버젓이 아내가 있는 내 얘기니 웃어야 할지, 울어야 할지 난감했다고 했다. 그래서 아내는 사실을 밝혔다고 한다.

"권사님, 그 총각을 좋게 봐주신 건 매우 감사한데 안타깝게도 그 총각은 제 남편이랍니다."

모두들 그 자리에서 한바탕 웃었는데 그런 일들이 있고 보니 아내는 여러 모로 불만이 생길 수밖에 없었다.

나는 광고 사업을 한다고 교회에 다니지 않을 땐 술을 마셨다 하면 혼자서도 병맥주 한 박스를 거뜬히 먹어치웠다. 그랬던 사람이 어느 날부터 술도 끊고 교회 일에만 미쳐 있으니 한 번은 아내가 이야기 좀 하자고 심각하게 말했다.

"당신, 신앙생활을 열심히 하는 것은 좋은데 미리 말하지만 신학교에 가서 목사가 될 생각은 아예 하지 마세요."

아내는 목회자 사모가 되는 것이 걱정되었던지 몇 번이고 내게 확인 할 정도였다.

2006년 가을쯤 광고 사업에 기복이 생기면서 자금의 어려움이 나타나기 시작했다. 그 날도 교회 성가대에서 전체 친교 모임을 하고 있었는데 밤 12시쯤에서야 끝이 났다. 집에 들어가면 새벽기도에 참석할 수 없을 것 같았다. 그래서 아내는 집으로 보내고 기도실에서 밤새 기도하고 새벽기도회에 참석하게 되었다. 예배를 마치고 기도를 하는데 피곤해서 그만 잠이 들어버렸다.

그런데 무슨 꿈인지 나도 모르게 큰 소리로 "좌회전"이라고 소리쳤다. 교회에서 기도하다 잠꼬대까지 했으니 이게 무슨 일인가. 눈을 뜨니 바로 앞에 담임목사님이 기도 하시고 계셨다. 얼마나 미안하고 창피했던지 바로 집으로 돌아왔다.

회사에 출근해 보니 급히 막아야 할 돈이 있었다. 500만 원 정도가 필요했다. 머리가 아팠다. 사무실을 나와 산책 하는데 남산타워가 눈에 들어왔다. 그때 갑자기 새벽 기도를 하다가 잠꼬대로 외쳤던 '좌회전' 사건이 생각났다.

무심코 남산타워 아래 좌측에 사무실이 있는 지인이 생각났다. 나는 그에게 전화를 했다. 새벽기도 시간에 있었던 '좌회전' 잠꼬대 얘기를 전하면서 500만 원이 급하게 필요하다는 것과 머리를 식히려고 산책하다 문득 생각이 나 용기를 내서 전화했다고 사실대로 말했다. 그러자 그가 웃었다.

"하나님의 뜻이 무엇일까요?"

그러면서 두말없이 돈을 송금해 주어 어려운 고비를 넘기게 되었다. 그리고 그 달 말일에 빌린 돈은 실수 없이 송금해 주었다. 그 때 새벽기도 시간에 내 필요를 아시고 잠꼬대를 통해서도 세밀하게 역사하시는 하나님을 찬양한다.

원조 광고인, 복음을 광고하라

신약성경에는 최초의 복음 광고인(廣告人)이 나온다. 복음광고계의 원조다.

"회개하라 천국이 가까이 왔느니라."

낙타털옷을 입고, 허리에 가죽 띠를 띠고, 음식은 메뚜기와 석청을 먹으며 천국 복음 캠페인을 주도했다. '광야(廣野)'에서 예수 그리스도의 앞길을 '고(告)' 했던 광인 세례 요한이 바로 그 사람이다.

안타깝게도 오늘날 복음이라는 브랜드는 다소 하락세다. 세상을 주도했던 기독교문화는 어느새 세상을 따라하는 저자세로 내려가고 말았다. 주님 오실 날이 얼마 남지 않았다. 생명의 브랜드인 복음의 선호도를 다시 회복시켜야 한다. 청교도 정신이 무너져가는 미국과 무슬림이 늘어나는 유럽에 다시 한 번 강력한 복음 메시지를 복음광고로 역수출해야 한다.

"순간의 선택이 10년을 좌우합니다."

소비자의 마음을 사로잡았던 모 전자 회사의 광고 카피다. 얼마나 각인이 되었는지 그 광고 하나로 그 기업의 이미지가 소비자들의 뇌와 가슴에 쏙 들어갔다.

이렇듯 남들이 미처 생각하지 못한 창조적인 방법으로 감동적이고 재미있게 복음의 메시지를 만든다면 믿지 않는 사람들의 마음을 쉽게 움직일 수 있을 것이다. 한 줄의 복음 카피가 복음의 능력이 되어 회개와 회심의 부흥을 일으킬 것이다.

"예수님은 유일한 비상구입니다."

이것이 바로 이 시대에 맞는 복음광고가 아니겠는가?

성공해도 불행한 사람들이 있고, 실패해도 행복한 사람들이 있다. 사명을 발견한 사람이냐 아니냐의 차이다.

생쥐 한 마리로 세상을 뒤집은 월트 디즈니는 청년 시절 가난한 만화가로 배고픈 시절을 보냈다. 늦은 밤 만화를 그리다 다락방 위에서 시끄럽게 하는 쥐들을 보고 영감을 얻어 미키 마우스를 탄생시켰다고 한다. 그가 살아생전에는 디즈니랜드의 완공을 보지는 못했지만, 월트 디즈니는 꿈을 꾸는 그 순간 이미 세계인들이 몰려드는 디즈니랜드를 본 사람이었다. 이렇듯 생쥐 한 마리로도 세계를 주름잡는데 우주만물을 창조하시고 살아계신 하나님을 믿는다면 왕이신 예수 그리스도를 위한 킹덤랜드 하나쯤 만들어야 하지 않겠는가?

광고인들에게 광고주^(클라이언트)는 '주님' 이라는 용어로 표현된다. 그만큼 클라이언트가 차지하는 비중이 크다는 것이다. 광고를 의뢰하는 광고주는 광고제작자와 수평적인 관계가 아니라 수직적인 관계가 된다. 호칭만 봐도 광고계에서 말하고 있는 광고주의 위상을 그대로 대변해주고 있다.

그런 세상에서 상업광고도 아니고 생소하게 들리는 '복음광고'만을 전담해서 만든다면 어떤 시선으로 볼까? 광고업계에서 복음이란 장르만 한다는 것은 그야말로 십자가를 지는 것이고 좁은 길이다.

대부분은 하나님의 전신갑주를 호신장비로 알고 있고, 성령의 검만을 유일한 공격무기라고 생각하지만 나는 다르게 생각한다. 검은 근접전술 무기이다. 진실로 무서운 공격무기는 '복음의 신발'이다. 복음은 가공할 만한 핵무기급 생명전략이다. 어둠 속에서 적의 심장부를 타격해서 폭넓은 범위를 무력화시키고, 상상도 못할 피해를 주며 영적전쟁의 향방을 결정짓는다.

복음은 핵분열 물질이다. 이 분열 물질을 간직한 우리는 신발, 즉 운반체인 로켓부분이 된다. 그리고 우리의 말씀 선포가 바로 기폭장치가 되는 것이다. 이렇게 핵의 3대 기술이 복음의 신발 속에 감춰져있다고 나는 감히 생각한다. 이 복음을 '복음광고'라는 만국공통의 시각언어로 만들어 세계로 나간다면, 레이더에 잡히지 않는 스텔스 전투기처럼 영적으로 잠들어 있는 영혼들을 향해 날아가 복음을 융단 폭격 할 수 있다.

프랑스 칸 광고제 도전

2007년 6월, 드디어 다시 프랑스 칸 국제광고제를 찾았다. 회심 후 6년 만에 절치부심하며 준비한 첫 복음광고 작품을 프랑스 칸 광고제에 출품한 것이다. 처음엔 경비가 너무 많이 들어 참관은 엄두를 내지 못했다. 그냥 기도만 하고 있었다. 혹시 좋은 결과가 나온다면 전 세계에 복음을 전할 절호의 기회가 될 것 같았다. 6월 초 칸 국제광고제를 일주일 앞두었을 때였다. 새벽 골방에서 기도하던 중 갑자기 비행기 날개라도 붙잡고 가야겠다는 마음의 감동을 성령께서 주셨다.

"주님, 지금 저는 그럴만한 돈이 없어요. 그러나 가고 싶어요. 비록 부족하지만 저는 하나님 나라의 확장을 위한 복음광고로 사명을 감당하고 있어요. 제가 광고제가 열리는 프랑스로 전도여행을 갈 수 있도록 도와주십시오. 주님, 비행기 날개라도 붙잡고 갈 터이니 절 프랑스로 보내 주십시오. 주님, 그곳 칸에 가서 복음을 전하겠습니다."

그렇게 기도를 하는 중에 하나님께서 갑자기 한 교우를 생각나게 하셨다.

새벽 기도를 마치고 집으로 돌아와 출근했는데, 일면식도 없는 그 교우가 자꾸 생각나서 교회 수첩을 열었다. 연락처가 있었다. 심호흡을 하고 용기를 내 전화를 하고 인사를 나누었다. 안부를 묻다보니 이 교우는 놀랍게도 여행사에 계시는 분이었다. 잘 되었다 싶어 용건을 이야기하며 비행기 날개라도 붙잡고 갈 터이니

프랑스 칸느 광고제에 다녀 올 수 있는 가장 싼 비행기 표를 알아
봐 달라고 부탁을 했다. 그랬더니 교우가 배꼽을 잡고 웃는 소리
가 들려왔다. "비행기 날개라도 붙잡고 가겠다고요? 하하하." 가
장 싼 비행기 표를 알아보겠다고 하더니 전화를 끊었다. 저녁 퇴
근 무렵에 전화가 왔다. 원하는 비행기 중 가장 싼 것을 잡기 위해
홍콩까지 연락을 해 보았다는 말과 함께 그 교우가 제시한 비행기
티켓 금액은 왕복 90만원이었다. 일반 국내 항공비의 거의 반 가
격이었다. 감사의 인사를 한 후에 일단 아내와 상의한 후 구입하
기로 하고 전화를 끊었다. 기쁜 마음으로 집에 돌아와 아내에게
이 얘길 전했으나 아내는 나와 생각이 달랐다. 저렴하기는 하나
그냥 한국에서 기도하며 결과만 보면 어떻겠느냐는 것이다. 별 수
없이 아내의 의견을 수렴해 다음날 그 교우에게 다시 전화를 걸어
죄송하게 되었다 말하고 항공권을 취소해 달라고 부탁했다.

그랬더니 그 교우가 뜻밖의 제안을 했다. 전도여행으로 선교하
러 가는 것이니 먼저 다녀온 후에 돈을 갚으라며 우선 비행기 표를
예매해 주겠다는 것이다. 당장 수중에 돈이 없어 차마 그 말을 못
하고 있었는데 그의 깊은 배려가 무척 고마울 뿐이었다. 그렇게 해
서 첫 유럽 전도여행이 준비되고 계획되었다. 하나님의 나라를 위
해 믿음으로 기도하면 응답 주시는 좋으신 하나님을 찬양한다.

칸 광고제에 가기 전 나의 동역자인 후쿠시게 다카시상에게 중
보기도를 요청하기 위해 전화를 드리고 퇴근길에 일산에 있는 댁
을 방문했다. 마침 저녁 식사시간이라 함께 식사를 마쳤는데 다카
시상이 내 두 손을 꼭 잡고 간절히 기도를 해주셨다.

2006년 연말에 '육이 죽어 영이 산 사람 후쿠시게 다카시(작가, 김무정)' 이라는 책을 선물 받고서 생생한 성령의 임재와 감동 속에서 허겁지겁 읽었다. 그런데 책 뒷면에 소개된 저자에 관한 정보를 살펴보니 그 일본인 다카시상이 바로 우리 동네인 일산에 와서 살고 있는 게 아닌가. 반가운 마음에 나는 즉시 집으로 찾아뵈었고, 그때부터 우리 두 사람은 주 안에서 교제를 하게 되었다.

다카시상의 부인은 한국인이다.

다카시상이 아직 그리스도인이 되기 전의 일이다. 가족여행 중에 다카시상이 나고야 스키장에서 갑자기 쓰러졌다. 뇌출혈이었는데 병원에 너무 늦게 도착했다. 정밀검사를 했지만 의사는 가족에게 장례 준비를 하라고 했다.

일본의 대기업에서 LCD 개발 엔지니어였던 다카시상은 예수를 전혀 알지 못했다. 하지만 놀랍게도 뇌사상태에서 임사 체험을 했다. 거기서 그는 예수님과 동행하며 한 번도 읽지 않았던 성경 말씀을 배웠는데 그는 뇌사상태에서 기적적으로 21일 만에 깨어났다. 그가 깨어나서 입을 열어 말한 첫마디는 뜻밖이었다.

"예수님께서 물을 포도주로 만드셨다."

그에게는 미키라는 예쁜 딸이 하나 있다. 딸이 다섯 살 때 있었던 일이다. 엄마가 딸에게 성경 동화책을 읽어주고 있었다. 가나의 혼인잔치 이야기였다. 포도주가 떨어지자 예수님께서 하인들에게 물을 떠오라고 말했다. 아귀까지 가득 채운 항아리의 물이 포도주로 변했다는 이야기를 읽어주는데 옆에 있던 다카시상은 말도 안 되는 이야기라며 책을 집어 치우라고 소리쳤던 적이 있었다. 그런데 그런 그가 죽음의 길에서 예수를 만난 것이다.

2007년 1월 다카시상을 돕고 싶어 '100-1=0'이라는 복음광고를 만들어 그의 집을 방문했다. 그런데 함께 있던 모든 사람들이 무슨 뜻인지 몰라 어리둥절해했다. 설명을 해 주었더니 다카시상은 "성경의 깊은 진리가 담겨있네요."라며 좋아했다. 그리고 그는 이렇게 선포했다.

"영혼을 관통하는 이 복음광고 메시지를 국민일보에 7회에 걸쳐 광고로 싣겠습니다."

나는 깜짝 놀랐다. 우선 많은 비용이 드는 신문 광고비를 생각해서 놀랐고, 오직 믿음으로 선포하는 다카시상이 대단한 분이라고 생각해서 놀랐다. 그리고 여러 곳에서 후원이 들어와 광고가 예정대로 집행되었다.

다카시상 부부와 인사를 하고 나오려는데 사모님께서 봉투 하나를 주셨다. 그분들 역시 어렵게 사역하시는 것을 알기에 받지 않으려고 했지만, 문화선교 사역에 사용하라며 강권하셔서 감사함으로 받았다.

"오늘 집세를 주고 집에 50만 원이 남아 있었어요. 오늘 정 대표님을 만나고 보니 이 돈의 주인인 하나님께서 정 대표님 전도여행 가는 데 주라고 남겨놓으신 것 같아요."

일본인 다카시상의 큰 사랑에 감동이 되어 집으로 돌아오는 내내 감사의 눈물로 얼굴이 젖었다. 언행일치의 삶이란 말처럼 그리 쉬운 일이 아니다. 나를 위해 기도해 주는 것만으로도 고마운데 자신이 가진 전부를 내어준 그분들의 사랑은 마치 아껴 먹고 싶은 쿠키처럼 오래 내 마음을 점령했다.

그렇게 해서 나는 전도지 1,000부를 만들어 배낭에 넣고 혼자 유럽 전도여행을 떠나게 되었다. 어렵게 출발하게 된 칸 행이었고, 프랑스로 들어가서 아웃은 로마에서 인천으로 오는 비행기라 이탈리아 로마에까지 가게 되었다. 출발부터 지금까지 기대하지 못했던 일들이 일어나는 걸 보니 하나님의 계획이신 게 가슴 뭉클하게 다가왔다. 이번 여행은 내 의지대로 가는 것이 아니라 하나님의 뜻대로 가는 거라는 확신이 들었다.

광고제에서 좋은 성과는 없었지만 이번 여행은 전도지로 관계 전도를 하며 세계인의 반응을 살필 수 있었던 말 그대로 전도여행이었다.

'100-1=0', '수의에는 주머니가 없습니다.'

두 작품을 앞뒤에 넣고 영어와 한글로 된 전도지로 만들었다. 칸, 니스, 로마에서 전도여행을 통해 살아계신 주님께서 동행 해 주심을 알 수 있었다.

1,000일의 골방기도

골방은 사람들에게 상당히 부담스러운 공간이다. 묵묵히 지켜내야 하는 기도의 시간을 의미하기도 하지만, 공간 자체도 그렇다. 한 평도 채 안 되는 지하 기도실 골방이라면 더욱 그러하다.

청년시절, 촌놈이 서울생활을 하려고 싼 숙소를 찾다 몇 달간 고시원에서 생활했던 생각이 난다. 발 하나 간신히 뻗을 수 있었던 좁은 공간은 마치 무덤처럼 숨이 꽉 막히는 것 같았다. 정말 돈 없고 배고프고 서러웠던 시절이었다.

그러나 지금 와서 생각하니 골방은 필요하다. 특히 젊어서의 고생은 사서도 한다는 말처럼 누구나 자신의 능력을 갈고 닦는 골방이 있어야 한다. 타의에 의해 잡혀 갇힌 공간은 감방이고, 좁은 곳이라 해도 자의에 의해 들어가면 골방이다. 감방은 나의 죗값을 치르는 곳이고, 골방은 내 꿈 값을 치르는 곳이다. 감방은 뉘우치는 곳이고 골방은 하나님과 대면하고 깨치는 곳이다.

자신의 꿈을 이루기 위해선 반드시 스스로를 골방에 가둘 수 있는 용기가 필요하다. 골방은 현실의 도피처가 아니라 꿈을 현실화하는 인큐베이터와 같은 곳이다. 하나님 앞에서 세워지려 하는가? 골방에 뜨겁게 도전해보자. 눈물과 기도는 왠지 남자들에게는 어울리지 않는 말 같지만, 절체절명의 위기 가운데서는 체면 차릴 게 없다.

하나님만 바라볼 수 있는 곳, 기도골방에서 내가 눈을 감으면 하나님께서 눈을 뜨신다. 나를 불안케 하는 소리로부터 내 귀를 닫는 골방이라야 하나님께서 귀를 여신다. 골방은 소개팅 장소다. 만남을 주선하는 곳이다. 나를 공격해오는 현실의 문제들을 내 안에 계신 하나님께 은밀히 소개하는 것이다. 소개만 하고 나는 쏙 빠지면 그만이다. 이것이 기도 골방이다.

"이 나라에서 복음광고 문화사역은 안 돼. 교회와 목회자들이 광고를 알겠어? 또한 당신은 사업에서 한 번 실패했잖아, 방송과 SNS에서 기독교 까는 것 다 봤지 미국도 이젠 기독교 국가가 아니고 동성애법이 교회에서 받아들여지고 통과 되는 것 다 알지? 백기 들고 그만 투항해. 넌 외아들이잖아. 부모님도 모셔야 하고 가정과 두 아들도 부양할 책임이 너에게 있잖아? 너, 촌스럽게 복음광고가 뭐냐? 그거 그만 두고 세상 광고 해. 돈도 많이 벌고 좋잖아."

현실은 무섭다. 대한민국에서 복음광고만을 전문으로 문화사역을 할 경우 돈이 전혀 안 된다는 걸 각오하고 시작해야 한다. 나라고 현실을 모르겠는가. 그런 염려와 조롱이 내 귀에도 들린다. 사탄의 협박과 회유가 내 눈에도 보인다. 많은 유혹들이 사단의 심리전으로 진격해오는 것이 훤히 보인다.

언제나 그래왔다. 인간이 살아가는 세상은 내가 사는 이 시대에서만 공포가 있는 게 아니다. 예수님 당시에도 대제사장들과 서기관, 유대인, 로마군인들까지 죄 없으신 예수님을 죽이려고 칼을 갈고 있었다. 두려움이 엄습해왔다. 하지만 하나님은 해결 방법을 주시는 분이다. 그게 바로 유일한 피난처, 기도 골방이다. 삶의 위기를 맞을 때 골방으로 들어가는 것은 이상한 행동이 아니다. 아주 이상적인 행동이다. 하나님께서 원하시는 일이다.

현실의 위기 앞에서 우리는 자주 무릎을 꿇어야 한다. 현실에 지고 굴종하라는 게 아니다. 기도의 골방자리에 가서 무릎을 꺾어야 한다. 골방에서 내 무릎은 낙타의 무릎처럼 되어야 한다. 예수님도 사방에서 쉴 새 없이 몰려오는 공격이 있을 때마다 감람산

겟세마네라는 골방에서 밤마다 기도의 무릎 자국을 남기셨다.

삶에는 죽을 것 같은 어려운 일들이 계속해서 다가온다. 오죽하면 꿈속에서도 나온다. 겹겹이 나를 포위한다. 그러나 우리가 두려움에 포위된 것일 뿐, 내 안에 계신 하나님이 포위되신 건 아니다. 하나님의 능력과 전지전능하심이 결박된 게 아니라는 것이다.

결코 포위당하시지 않은 하나님께서는 때에 맞는 말씀을 통해 나를 부르신다. 은밀한 방에서 만나자고 하신다. 열방이 강하다고 해서 내가 지는 것이 아니다. 골방에 거하는 힘이 약하니까 내가 지는 것이다. 결국 골방에 오래 갇힐 줄 아는 약한 자가 열방의 강자들을 넉넉히 이긴다.

솔로몬의 일천번제를 교훈 삼아 나는 새벽 골방기도로 1,000일을 주님께 올려드렸다. 하나님 나라 확장을 복음광고로 승부할 수 있게 해달라고, 그렇게 할 수 있게 영감을 달라고, 창조의 영을 부어달라고 골방기도를 작정하게 되었다. 비가 오나 눈이 오나 3년여 동안 하루도 거르지 않고 기도했다.

2006년 12월 중순쯤, 마지막 1,000일 새벽 예배를 드리러 교회에 갔다. 새벽예배를 인도하시던 목사님이 난데없이 만세 삼창을 하자고 하셨다. 영문도 모르고 만세 삼창을 따라하는데 묘하게 내 마음속에 기쁨이 넘쳤다. 만세가 끝나자 목사님께서 물으셨다.

"이 새벽에 왜 만세 삼창을 했는지 아시는 분이 있나요?"

우리는 서로의 얼굴만 바라볼 뿐, 영문을 모르고 앉아 있었다.

"1994년 교회를 개척한 후부터 지금까지 창세기부터 매일 한

장씩 읽고 말씀을 전했는데 오늘 새벽이 성경일독을 다 마치는 날입니다. 하나님께 영광을 올려드리고 싶었습니다.”

더 기뻤던 것은 그 날이 바로 내 1,000일 새벽기도를 마치는 날이었다. 의미를 부여할 만한 두 가지 일이 겹치는 날이어서 더욱 감격하고 기억에 남는 날이 되었다.

그 주간에는 ‘영락교회 금요직장인 예배’를 드렸다. 예배를 마치고 지인 두 분과 경복궁 한식당에서 함께 점심을 하게 되었다. 그 때 식당 기둥에 눈에 잘 띄지 않을 정도로 작게 쓰여 있는 글씨가 눈에 들어왔다. 가로 10cm, 세로 5cm쯤 되는 크기였다.

‘100-1=0’

나무판 위에 빨간색 글씨로 새겨져 있었다. 처음엔 이상하다 싶었다. 숫자의 계산이 잘못된 것을 왜 걸었을까? 설마 무슨 다른 뜻이 있겠지? 같이 간 세 명이 그 의미에 대해 이야기를 나누고 있었다. 그때 지인 중 한 분이 이런 해석을 말해주었다.

“100번 잘 해도 한번 잘못하면 아무 소용이 없다는 뜻이겠지요.”

명답이라고 생각했지만, 완전히 수긍하기도 어려웠다. 100% 실수하지 않는 완벽한 인간이 어디 있을까? 그것은 오직 하나님만이 가능할 것이다. 그런데 그 순간 그 숫자들은 내게 영적인 의미로 다가왔다. 복음광고의 힌트가 될 것 같았다.

복음광고로 만들어지고 3년 정도 지난 어느 날이다. 우연히 한 권의 책과 만나게 됐는데 거기서 보니 ‘100-1=0’은 〈디테일의 힘〉이라는 책의 저자 왕중추가 이 책에서 쓴 공식이었다. 개인경

영이든 기업경영이든 세밀함이 없을 땐 100가지를 다 잘했어도 1
가지를 잘못하면 허사라는 뜻이라고 했다.

아무튼 1,000일 새벽 기도를 통해 영적인 작품 아이디어를 찾
던 내게 그 숫자는 하나님 나라의 복음광고로 만들게 되었다.

'1 하나가 빠지면 아무것도 아니다. 그 1은 바로 하나님이다.'

나는 전율하지 않을 수 없었다.

세상의 모든 사람들은 100% 성공을 추구한다. 학생들은 100점
이라는 점수를 맞길 원하고, 우리 인간의 욕망은 100이라는 완전
체를 찾아 헤맨다. 꽉 찬 100을 갖기 위한 열심과 탐욕은 신기루
나 파랑새처럼 우리를 유혹할 뿐 우리 곁에 머물지 않는다. 그 숫
자들의 공식에는 복음의 핵심 메시지가 숨겨져 있었다.

공식: 100−1=0
해석: 100(인생의 성공)에서 1(하나님 한 분)이 빠지면(−)
  아무것도 아닙니다(0)

*100% 성공한 인생이라도 하나님이 빠져있으면 아무것도 아닙
 니다.
*내가 천사의 말을 한다고 할지라도, 그 안에 사랑이 없으면 아
 무것도 아닙니다.
*100마리 양 중에 길 잃어버린 한 마리 양을 찾지 않으면 아무
 것도 아닙니다.
2007년 상반기에만 국민일보에 7회가 실린 이 복음광고는 많

은 화제를 낳았다. 이 광고를 보고 주님을 만나고 하나님께 돌아왔다는 간증 글들이 게시판에 올라왔다. 감격스러운 일이었다. 한 영혼 한 영혼을 사랑하시는 주님께 영광을 드렸다. 아래의 글은 국민일보에 실린 복음광고를 본 수원에서 사는 C사장님이 보내 온 인터넷 홈페이지 게시글이다.

"수원에서 조그만 방직공장을 운영하는 51세 된 비루한 인생입니다. 저는 모태신앙이고요. 공장을 하는 관계로 시간도 없었고요. 10여 년 전부터 하나님을 떠나 살았습니다.

〈100-1=0〉이라는 수 공식 복음광고를 보고 감동과 충격을 받았습니다. 주님을 떠나 살았던 저의 모든 생활이 너무나 헛되고 헛되었다는 것을 이제야 알았습니다. 이번 주일엔 꼭 교회에 가겠습니다. 이런 귀한 일을 하시는 모든 분들께 감사하고 또 감사합니다.

제 영혼을 하나님께서 받아주실지 두렵고 떨리기도 하지만 기도해 주십시오. 지금은 너무 감격해 제가 횡설수설 합니다. 진정이 되면 연락드리겠습니다. 기도해 주십시오. 복음광고로 저를 변화시켜 주신 것 너무 감사합니다. 나를 바꾸어준 '100-1=0' 감사합니다. 주님만 따라 가겠습니다. 하나님, 감사합니다."

이 글을 통해 나는 하나님께서 복음광고를 기뻐 받으시고, 앞으로도 복음광고가 선교의 나아갈 방향이라고 말씀하신다는 것을 분명히 알 수 있었다. 그 뒤 나는 이와 비슷한 후속 복음광고시리즈를 다시 만들었다.

'0+1=100'

이 세상에서 아무것도 없어도 예수님과 동행하며 사명을 감당하는 사람이라면 그 사람은 모든 것을 가진 사람이라는 의미다. 오직 삼위일체의 하나님만이 우리를 영원히 살리시고 세우시는 우리의 구원자이시다. 존귀한 그 이름 예수 그리스도 한 분만 계시면 나는 충분하다.

> 너는 기도할 때에 네 골방에 들어가 문을 닫고 은밀한 중에 계신 네 아버지께 기도하라 은밀한 중에 보시는 네 아버지께서 갚으시리라(마 6:6)

1차 유럽 전도여행

2007년 6월 18일 복음광고 100-1=0 작품 출품과 전도여행을 목적으로 칸 광고제가 열리고 있는 전시장에 도착했다.

전시장에 입장할 수 있는 출입증 가격이 일주일 기간에 수백만 원이나 하니 구입할 수는 없었다. 그럼에도 나는 전시장 안을 꼭 둘러보고 싶었다. 매너 있는 행동은 아닌 줄 알지만, 나는 지인에게 출입증을 빌렸다. 다행히 통과가 되어 전시장 안으로 들어갔다.

많은 입상 작품들 가운데 내 '복음광고' 출품작은 없었다. 허무했다. 얼마나 어렵게 먼 길을 날아왔는데 아무런 성과도 없이 돌아간단 말인가? '주여.' 또 외마디 탄식이 나왔다. 그런데 그때 마음 가운데 성령의 음성이 들려왔다.

'네가 입상을 했다면 이곳 칸에서 자랑하고픈 마음에 얼마나 교만해지겠니?'

정신이 번쩍 들었다. 그리고 등 뒤에 메고 있던 배낭 안에 전도지 천장이 들어 있다는 것을 생각나게 했다.

곧장 전시장을 나와 해변으로 나가 전도활동을 시작했다. 전도활동이 주목적이라면 더 이상 칸에만 머물러 있어야 할 이유가 없었다. 가까운 니스로 이동해서 유스호스텔을 숙소로 잡고, 만나는 모든 사람들에게 다양한 방법으로 전도지를 나누어 주었다. 궁금증을 일으키는 전도지라 호기심어린 눈들로 가득했다. 무슨 의미인지 물어보는 사람들 사이사이로 뜻을 알게 된 사람들이 반응이 뜨거웠다. 엄지손가락을 위로 올려 응원해주는 현지인들도 있었다.

그런데 니스 역에서 한 가지 큰 문제가 생겼다. 갑자기 유럽의 철도노조 전체가 동맹 파업을 해 여행객들에게 아주 혼란스러운 상황이 되었다. 다행히 내 기차표는 이틀 뒤에 로마로 출발하는 기차여서 아직 시간에 여유는 있었다. 그러나 다른 교통편을 이용하지 못한다면 로마로 가지 못한 채 나는 꼼짝없이 국제미아가 될 판이었다. 저렴한 항공권이라 스케줄 변경이 전혀 되지 않았다. 눈앞이 캄캄해졌다

그러나 기도하며 여유를 갖고 다시 전도 활동을 시작했다. 이틀이 지나도 여전히 기차가 파업 중이라 대책이 없었다. 니스역에 나가 기다리고 있었는데 번뜩 지혜가 떠올랐다. 프랑스 니스에서 이탈리아 국경이 가깝기 때문에 어떻게 해서든지 국경만 넘으면 로마로 가는 다른 교통편을 이용할 수 있겠다는 생각이 들었다. 교통편을 알아보는데 마침 이탈리아 국경까지만 운행하는 셔틀

열차가 있었다. 무조건 올라 타고 프랑스 국경을 넘어 이탈리아의 기차역에 내렸다.

오후 5시쯤이었다. 조용하고 한적한 시골 풍경의 마을이었다. 역무원에게 가서 혹시 로마로 가는 열차가 있는지 물었더니 오늘 밤 10시 15분에 출발하는 열차가 있다는 것이었다. 유럽 전체가 철도 파업이라 이탈리아도 기차가 파업 중이었는데 너무 신기하고 믿어지지 않아 역무원에게 재차 물었다. 이방인 순례자의 어려운 마음을 아는지 친절히 대답해주었다.

지구 반대편의 낯선 땅에서 일어난 철도파업 중에도 하나님은 원하는 시간에 로마로 갈 수 있는 길을 열어주셨다. 생각지도 않게 다섯 시간의 여유가 주어졌다. 걸어서 갈 수 있는 바닷가가 있어 산책도 하고 휴식도 하며 그 동안의 긴장과 피로를 풀었다. 갯바위에 앉아 생각도 정리하고 사진촬영을 하며 혼자 즐거운 시간을 보냈다.

출발 시간보다 일찍 기차역에 나가 기다리는데 이 모든 일들이 꿈만 같았다. 어릴 적 TV에서 본 만화영화 은하철도 999를 탄 기분이었다. 열차에 올라 침대자리를 잡고서야 비로소 안정이 되었다. 나는 하나님께 감사의 기도를 올려 드렸다. 기차는 어두운 밤을 가르며 힘차게 달렸고, 나는 꿈처럼 로마로 입성할 수 있었다. 교민 노부부가 운영하는 민박집에 도착해 인사와 함께 전도지를 선물했다. 그런데 전도지를 본 이 부부가 굉장히 충격을 받는 것이 아닌가.

"세상에, 우리가 로마까지 와서 살면서 하나님을 잊어버렸습니다. 먹고 사는 일에 허덕이며 살다보니…. 지금 주신 '수의에는 주머니가 없습니다' 이 전도지를 보니, 무척 감동이 되고 저희 삶을 되돌아보게 되네요. 다시 하나님께 돌아가야겠습니다."

로마의 관광명소를 돌 때, 나는 만나는 사람들은 물론 길을 물어보려고 불러 세운 모든 사람들에게도 감사를 전하고 전도지를 선물했다. 숙소로 돌아오니 민박집 주인이 전도지를 더 줄 수 있느냐고 했다. 노인정과 친구들에게 전도를 하고 싶다는 것이다. 100여 장의 전도지를 드렸더니 정말 기뻐하셨다.

귀국하는 날, 공항에서 또 문제가 생겼다. 로마공항에서 프랑스 칸 광고제에 참가해 받은 자료와 중요한 책들이 들어 있는 가방을 수화물로 부쳤는데 인천공항 수화물 칸에는 배낭 한 개만 있을 뿐 다른 가방은 찾을 수가 없었다. 항공사 직원에게 확인했더니 나중에 분실한 가방을 찾으면 주소지로 보내주겠다고 해서 확인서만 받고 그냥 돌아왔다.

2주 후에 항공사에서 연락이 왔다. 가방이 분실이 되었으니 보상을 해 주겠다며 보험사에 제출할 서류를 보내왔다. 보험사에 서류를 준비해 제출했다. 보상은 보험 규정대로 가방의 무게로 가격을 결정했다. 항공사에서 보내 온 보상금 액수를 합치니 유럽 왕복 항공료 90만원이었다. 여행사를 하는 교우가 먼저 구매해줘서 외상으로 다녀온 것인데 전도를 하고 오니 하나님께서는 선불한 경비 일체를 갚아주셨다.

2차 유럽 6개국 父子 전도순례

2009년 7월 둘째아들과 함께 24일간 유럽 전도여행을 갔다. 미력하나마 유럽 땅에 복음을 전하는 데 작은 불씨가 되길 소망했다. 주님의 도우심만 믿고 무작정 떠난 전도여행이었다. 가는 곳마다 하나님의 예비하심을 경험할 수 있었다.

사실 이 전도여행은 둘째아들을 위한 계획이었다. 아직 믿음이 연약한 아들 지우(당시 12세)에게 믿음의 유산을 남겨주기 위해서였다.

상업광고를 접고 온전히 복음광고만 하려고 기도로 준비하고 있을 때였다. 아이는 어려서부터 유럽에 가보고 싶다는 말을 자주 했다. 학업이 덜 바쁜 초등학교 6학년 마지막 방학이라 시간은 알맞았다. 다만 경제적인 문제가 있었다. 다른 가족들은 다음으로 미루고, 아빠와 둘째만 먼저 다녀오라며 아내가 주도적으로 준비해 주었다. 출발하기에 앞서 복음광고로 만든 한글과 영어로 된 두 종류의 전도지를 각각 1,000장씩 만들었다. 하나의 전도지 뒷면에는 '수의에는 주머니가 없습니다'를 쓰고, 앞면에는 '100-1=0' 이라고 썼다. 또 다른 전도지에는 조금 다른 내용을 담았다. 무늬만 크리스천인 사람들에게 경종을 울리기 위해 뒷면에는 '겉과 속이 같은 토마토처럼'과 앞면에는 '0+1=100' 이란 시리즈 광고를 담았다.

7월 16일부터 8월 8일까지 프랑스, 스페인, 이탈리아, 그리스, 불가리아, 독일 등의 나라를 돌았다. 언어는 달라도 거두시는 이는 하나님이시기에 나는 단지 씨를 뿌린다는 전도자의 심정으로 떠났다. 맨 처음에 도착한 곳은 프랑스 파리였다. 숙박비가 저렴한 민박집에 여장을 풀었다. 그러나 생각지도 못한 문제가 생겼다. 지우는 기대했던 호텔처럼 깨끗한 곳이 아니었던지, 열악한 민박 숙소를 보고는 불평을 해댔다. 아직 낯설고 이질적인 문화에 적극적으로 적응하기 어려운 나이였으니 이해할 만 했다. 그러나 아들은 그 민박집이 얼마나 싫었는지 나중에는 화를 내며 한국으로 돌아가겠다고 고집을 피웠다.

사실 소박한 민박집을 정한 건 비용도 문제였지만 다른 이유도 있었다. 각국의 젊은이들을 만나 자연스럽게 친교하면서 동시에 전도지를 나눠주기에 이보다 더 좋은 곳이 없다는 계산이 있었다. 그런데 아들이 자꾸 엇나가니 나도 마음이 흔들렸다. 결국 지우를 데리고 민박집을 나왔다. 좋은 마음으로 왔지만 아이 눈높이를 무시했다가 더 나쁜 결과가 생길 것 같았다. 하룻밤 정도는 시설이 깨끗한 호텔로 가도 큰 무리가 없어보였다.

호텔에서 짐을 풀고 아들과 감사예배를 드렸다. 그리고 지우가 7살 때의 치과 사건을 상기시켜주었다. 뒤집힌 영구치아를 원위치로 돌아오게 하신 하나님의 기적을 이야기했는데 안타깝게도 아들은 불과 6년 전의 일이었는데도 까마득히 잊고 있었다. 그래도 하룻밤을 자고나니 지우도 마음이 바뀌었는지 이후에는 저렴한 민박집을 숙소로 정해도 이해해주었다.

파리에서는 에펠탑 광장에서 전도지를 나눠줬다. 스페인에서는 바르셀로나의 스페인광장에서, 독일에서는 로렐라이 언덕에서, 로마에서는 시장과 성 베드로성당 앞 광장에서, 그리스에서는 아테네 광장에서 아들과 함께 전도지를 나누었다. 전도지를 받은 사람들 대부분은 반응이 비슷했다. 처음에는 의아해하다가 전도지의 의미를 물어온다. 곧 내용을 이해한 사람들은 최고라는 몸짓으로 우리를 격려했다.

이들 가운데 독일에서 만난 80대 교포 할머니와의 만남이 특별히 기억에 남는다. 그분은 딸과 재산분쟁을 하고 있던 중이었다. 그런데 수의에는 주머니가 없다는 전도지를 보고는 재물이 패륜을 낳는다는 것을 깨닫게 됐다고 고백했다. 예수를 믿지 않던 어떤 한국인 여행객은 귀국하는 대로 가까운 교회에 나가겠다고 약속하기도 했다. 그러나 유럽 전도가 쉬운 게 아니었다. 이번엔 전도 대상자가 아니라 지우가 문제였다. 자신의 사명감과 자발성을 갖고 전도에 나서기엔 아직 나이나 믿음이 모두 어렸던 것이다. 낯선 땅에서 낯선 이들에게 전도지를 나눠주는 전도방법을 지우가 부끄러워했다. 게다가 말이 통하지 않는 외국인을 향해 보디랭귀지를 해가며 전도지를 나눠주는 아빠를 보더니 많이 창피해했다.

숙소를 나올 때는 호기롭게 전도지를 반씩 가지고 나갔는데 막상 사람들이 지나다니자 전도지는 나눠주지 않고 자꾸 내 뒤로 숨었다. 그래도 나는 내색하지 않고 묵묵히 전도지를 나누었다. 시간이 지나자 내 주변에는 관심을 가지고 다가오는 사람들이 점점 늘어났다. 슬쩍 지우 눈치를 보니 표정이 많이 누그러져 있었다.

나중에 지우는 고백했다. 처음엔 왜 이렇게까지 해야 하나 도망가고 싶었는데, 전도지를 받아 든 사람들이 진지하게 전도지의 내용에 관심을 갖는 걸 보고 전도는 결코 거창한 것이 아니라는 걸 알게 되었다고 말이다. 스페인에서는 사진을 찍다 카메라 렌즈와 일부 전도지가 든 손가방을 소매치기 당했다. 나는 당황했으나 소매치기범을 원망하기보다 그가 전도지를 보고 하나님을 만났으면 좋겠다고 생각했다. 그러자 마음이 편해졌다. 지우도 내 옆에서 매 순간 주님께 기도하면 지켜주시고 기적처럼 안내하시는 하나님을 알게 됐고, 믿음이 훨씬 견고해져서 돌아올 수 있었다.

이번 여행은 3가지의 커다란 소득이 있었다.

믿음 안에서 아들과 더욱 가까워진 것이고, 복음광고 전도지를 통해 문서선교에 대한 확신을 갖게 된 점이다. 또한 부끄럽지만 내 이름으로 된 삼행시도 얻게 되었다.

여행을 다녀온 후 국민일보 인터뷰로 여행후기를 신문 미션난에 실은 적이 있었는데 신문 독자이신 대구의 L집사님으로부터 소포를 받았다. 열어보니 나와 아들 이름으로 삼행시로 만들어 보내주신 것이다. 무척 감동이 되는 선물이었다. 이름으로 내 현재의 정체성을 드러내주셨는데 복음광고라는 전도의 사명을 잘 감당하라는 격려로 받아들였다.

정기섭 삼행시
정- 정해 놓으신 주님의 길 복음광고 사명으로
기- 기뻐하며 나아가는 모습을 보시고
섭- 섭리 가운데 주님의 뜻을 이루신다 하시네!

십자가 다리

경기도 고양시에는 일산을 대표하는 아름다운 호수공원이 있다. 삭막한 콘크리트 아파트 숲속 신도시에 자리한 호수공원은 시민들의 휴식공간이 되고 많은 사랑을 받고 있다. 매해마다 세계 꽃 박람회를 개최하니 이제는 제법 유명한 관광지가 되었다.

2010년 6월이었다.

새벽기도를 마치고 모처럼 호수공원을 천천히 걸으며 산책을 하고 있었다. 그날은 문득 호수의 다리가 눈에 들어왔다. 매일 그 다리를 지나다니고 바라보았는데 그날따라 다리 위에서 예수님의 십자가가 떠오른 것이다. 죄로 가로막힌 하나님과 우리 사이에 영혼구원의 다리가 되어 주신 예수 십자가 다리였다. 성령님이 새벽에 주신 광고 영감이었다.

다음 날 새벽, 긴 사다리를 가져다가 약 5~6m 정상 위로 올라가 사진을 찍었다. 새벽에 조수도 없이 혼자 사진촬영을 하다 보니 어려움이 많았다. 땅이 늪지대다 보니 사다리가 잘 고정되지 않았다. 촬영을 할 때 호수물속으로 넘어지려는 위기가 몇 번이나 있었지만, 성령님께서 친히 조수가 되어 사다리를 잡아주셨다. 노래하는 분수대 방향으로 호수공원 끝에 자리한 '십자가 다리' 작품은 그렇게 탄생하게 되었다. 복음광고 중에 특별히 많은 분들의 사랑을 받고있다.

이 작품을 이용해 일산 호수공원 주변에 있는 교회가 벽면에 이 작품으로 대형 현수막을 설치하고, 정발산 지하철역에 와이드 광고를 한다면 유동인구가 많은 이 곳 지하철 이용객들에게 자연스럽게 전도가 될 것 같다. 또한 외지에서 호수공원으로 오는 많은 관광객들에게 복음을 전하는 동시에 일산지역에서 '예수 십자가 다리' 가 있는 호수공원의 랜드마크로 명소가 되고, 찾은 이들이 많아질 줄 믿는다.

내가 그리스도와 함께 십자가에 못 박혔나니 그런즉 이제는 내가 사는 것이 아니요 오직 내 안에 그리스도께서 사시는 것이라 이제 내가 육체 가운데 사는 것은 나를 사랑하사 나를 위하여 자기 자신을 버리신 하나님의 아들을 믿는 믿음 안에서 사는 것이라(갈 2:20)

돕는 천사

교우의 소개로 외국계 해운회사에서 직장생활을 하는 분과 점심식사를 함께하게 되었다. 최 가브리엘이라는 신실한 크리스천인데 분위기가 매우 점잖고, 말과 행동에서 진지하면서도 겸손함이 느껴졌다. 시청 근처에 자기 직장이 있으니 근처를 지나갈 일이 있으면 꼭 연락을 달라고 했다. 그렇게 하겠다고 인사를 하고 헤어졌다.

12월이 되면서부터 프로젝트가 한 건도 들어오지 않아 직원들 급여와 회사 운영비가 없어 답답한 상황에 놓였다. 거래처 몇 군데를 방문하고 지친 몸으로 시청 부근을 지나고 있었다.

그때 갑자기 가브리엘이 생각났다. 같이 커피나 한잔 해야겠다는 생각이 들어 전화를 걸었다. 그는 반갑게 맞으며 사무실로 올라오라고 했다. 얼결에 두 번째 만남을 갖게 되었다. 미팅 룸에서 커피를 대접 받고 이야기를 하던 중이었다.

"정 대표님, 사실은 이 직장에서는 이달까지만 근무합니다. 제가 해운관련 포워팅 사업을 준비하고 있습니다. 그렇잖아도 한번 뵙고 부탁을 드리려던 참이었는데 마침 연락을 주셨네요. 하나님께서 귀한 만남을 허락해주셨습니다. 괜찮으시다면 제가 창업할 회사 이름과 CI를 만들어주세요."

일이 없어 답답하고 힘든데 불쑥 먼저 꺼낸 그분의 제안에 나는 또 한번 성령님의 도우심을 느꼈다. 게다가 내 쪽에서 아쉬운 소리를 할 필요도 없이 고객으로부터 직접 새로운 프로젝트를 제안 받게 되니 더욱 반가웠다.

회사의 이름과 CI는 한 기업의 정체성과 비전을 보여주는 가장 중요한 기업 통합 이미지다. 시각적 이미지로 한눈에 회사를 각인시켜야 하기에 아주 어렵고도 많은 시간이 필요한 작업이다.

하나님은 시작하게도 하시고 마치게도 하시는 분이다. 하나님께서 영감을 주시니 단 일주일 만에 회사 이름을 세 가지로 제안할 수 있도록 준비시켜 주셨다. 그리고 그 중 'ARK^(방주) LINE' 이라는 이름으로 결정이 되었다. 해상 복합운송서비스 회사였기에 성경에 나오는 노아의 방주에서 힌트를 얻었는데 복음을 실어 나르는 해운회사로 쉽게 결정이 나서 정말 기뻤다.

바로 CI 제작에 들어가서 또 일주일 만인 크리스마스 전날 로고마크 시안을 보여 주게 되었다. 최 대표는 시안까지도 아주 흡족

해하며 그 자리에서 바로 결정을 해주었다. 사업을 본격적으로 시작하기도 전인 12월 말쯤 프로젝트 비용을 입금해주어 골치를 썩이고 있던 회사의 자금문제를 말끔히 해결할 수 있었다.

2009년 2월 최 대표의 ARK LINE 회사 개업예배를 드리는데, 나는 벽에 붙은 사훈에 또 한 번 감동했다.

'직원을 감동시키자.'

생각도 멋있는 분인데다가 이타적인 삶을 사는 그분을 보니 천사의 모습이 느껴졌다. 이것이 하나님이 보내주신 내 첫 번째 천사와의 만남이다.

나도 이때쯤 15년 정도 해왔던 상업광고 회사를 완전히 접고 복음전문 광고인으로 전환했다. 형편과 사정은 어느 것 하나 넉넉히 준비된 것이 없었고, 미래 또한 불투명했다. 그러나 나이 먹고 할 일이 없을 때 하나님께 헌신한다는 것은 그 사명을 감당하지 않겠다는 핑계처럼 느껴졌다. 한 살이라도 더 젊을 때 순종하고 싶었다.

아무것도 없었기에 기도로 매달릴 수밖에 없었다. 혼자서 골방에서 찬양과 말씀 읽기와 기도를 이어갔다. 창조의 영이신 하나님께서는 내가 복음 광고의 영감을 구할 때마다 매일 한 작품씩 감동을 주셨다. 그때마다 수첩에 스케치를 했다. 석 달 정도의 기간에 50여 편 정도의 복음광고 아이디어를 주셨다. 아이디어가 모아졌으니 이젠 복음광고 제작에 들어가야 했다.

제작비가 필요했다. 골방기도실 외에는 갈 곳이 없었다.

"나의 광고주이신 하나님! 주님께서는 나의 클라이언트^(광고주)이시니 복음광고 제작비를 허락해 주세요."

골방 기도실을 나와 공원 산책을 하고 집으로 왔다. 매일 드리는 기도라 딱히 그날 기도가 머리에 남아있지는 않았다.

그런데 오전 9시쯤 오랜만에 최 가브리엘 대표로부터 전화가 왔다. 오전 중에 홍대에 있는 사무실로 방문해 달라는 요청이었다. 바로 준비하고 ARK LINE 사무실에서 최 대표를 만났다.

"정 대표님, 내년도 회사 캘린더를 제작하고 싶습니다."

"네? 캘린더요? 이제 겨우 5월인데 벌써 내년 달력을 만드시게요?"

"네. 저는 사업의 수익금 일부를 하나님 나라의 문서 선교에 사용하고 싶습니다. 좋은 아이디어가 있을까요?"

세상에나. 나는 오늘 새벽만 해도 하나님께 복음광고 제작비용을 주시라고 기도하지 않았던가? 그래서 그동안 영감 주신 복음광고 아이디어를 스케치한 수첩을 보여주었다. 최 대표는 한 장 한 장 진지하게 넘기면서 반색을 했다.

"바로 이거예요. 제가 찾고 있던 겁니다."

그 말에 내가 더 놀랐다. 기쁨은 말할 것도 없고 되어가는 일들이 믿기지가 않았다. 나머지 일들이 다 결정되어야 더 실감이 날 것 같았다. 최 대표에게 스케치한 것 중에 마음에 드는 것을 체크해 달라고 부탁했더니 40여 개에 체크를 해주었다. 감동하는 최 대표의 모습을 보며 하나님께서 이루어 가시는 기도의 응답에 전율했다.

최 대표는 바로 복음광고 제작에 들어가 달라며 즉시 제작비를 청구해 달라는 말도 덧붙였다. 하나님은 단 하루도 지체하지 않으시고 두 세 시간 만에 기도의 모든 것을 응답해주셨다. 그때부터 나는 최 대표를 '최 가브리엘'이라 부르게 되었다.

2010년 12월 최 가브리엘 대표가 섬기는 교회의 2011년 캘린더와 ARK LINE 회사의 첫 복음 캘린더가 만들어졌다. 캘린더는 문서 선교의 첫 열매였다.

나는 이 첫 작품을 기도골방 지성소에서 나의 광고주이신 하나님께 올려 드렸다. 그 때 마음에 100주년기념교회 이재철 목사님이 떠올랐다. 그분은 한 번도 직접 뵌 적이 없었다. 책과 사경회, 인터넷에서 설교말씀으로만 은혜를 받고 내심 존경해왔던 나의 멘토였다. 이재철 목사님께 간단한 내 소개 편지와 함께 택배로 탁상 캘린더를 보내드렸다.

하루 뒤, 이재철 목사님께서 직접 전화를 주셨다. 그때 내 기분은 마치 하나님과 핫라인으로 전화를 하고 있다는 착각이 들 정도로 아주 놀랍고 감격스러웠다. 목사님은 내가 하는 일을 격려해주셨다. 앞으로 이 사역에 주님의 인도하심이 있을 거라는 축복의 말씀도 덧붙여 주셨다. 나의 삶 가운데에서 가장 기쁜 날 중 한 날이었다.

다음날엔 월간 크리스찬CEO 편집장의 전화를 받게 되었다.

"정기섭 대표님이십니까? 이재철 목사님의 전화를 받았습니다. 제가 알기론 이 목사님께서는 웬만하면 부탁 같은 거 하지 않는 분으로 유명하신데 JAD 정 대표님을 인터뷰하면 좋겠다고 직접 전화까지 주셨습니다. 저희도 너무 놀랐습니다. 저희와 인터뷰를 해주시면 감사하겠습니다.”

복음광고 작품과 간증이 새해, 크리스찬CEO 1월호 책에 소개되었다. 또한 크리스찬CEO 이 월간지 발행인인 대표는 ‘복음광고’ 작품을 JAD 이름으로 크리스찬CEO 본 지면에 매월 두 페이지씩 발표할 수 있도록 배려해 주셨다.

그리고 또 국민일보의 K기자께 복음캘린더를 선물하라는 마음의 감동을 주셨다. K기자는 이 작품을 국민일보에 15단 전면기사로 실어주었다. 연말인 2010년 12월 30일 국민일보 미션라이프에 ‘복음광고가 디자인 옷을 입다’ 라는 헤드라인으로 복음광고 내용이 보도되는 기쁨을 맛보았다.

“나의 주, 나의 광고주이신 하나님, 감사합니다. 최 가브리엘을 돕는 천사로 저에게 붙여 주셔서, 함께 문서선교로 하나님 나라의 뜻을 이루어 갈 수 있도록 협력하게 하시니 감사합니다.”

우리가 알거니와 하나님을 사랑하는 자 곧 그의 뜻대로 부르심을 입은 자들에게는 모든 것이 합력하여 선을 이루느니라 (로마서 8:28)

찾으라 찾을 것이요

어느 날 새벽예배를 드리던 중에 내게 주시는 말씀이라는 감동이 왔다.

구하라 그러면 너희에게 주실 것이요 찾으라 그리하면 찾아낼 것이요 문을 두드리라 그러면 너희에게 열릴 것이니(마 7:7)

집으로 돌아오자마자 갑자기 컴퓨터를 열고 싶어졌다.

페이스북을 열었는데 아침마당 TV프로 동영상이 눈에 들어왔다. 거기서 나는 또 한 사람의 거인을 만났다. 두 손과 팔이 없는 '의수 화가' 석창우 화백은 '자전거 타는 사람'이라는 수묵작품을 일필휘지로 그려나갔다. 그렇게 나는 단 한 번의 일필휘지로 작품을 탄생시키는 금곡 석창우 화백을 만나게 되었다.

페이스북에서 그를 검색한 후, 한번 만나보고 싶다는 글을 남겼다. 석 화백의 답장이 금방 왔다. 난 오프라인에서 한번 직접 뵙고 싶다고 글을 드렸다. 답장이 없어 다시 글을 보내니 전화를 달라며 직접 전화번호를 보내주셨다.

떨리는 마음을 진정하고 바로 전화를 했다. 너무 흥분이 되고 긴장해 마음처럼 말이 잘 나오지 않았다. 지난 4개월 동안 나는 사람을 주제로 복음광고 이미지 그림을 그려줄 화가를 찾고 있었다. 그러나 매번 여의치 않았다. 이번 기회를 놓치고 싶지 않았다.

"석 화백님! 직접 만나 상의드릴 말씀이 있는데 언제 시간이 좋으신가요?"

스케줄을 체크해보겠다는 말씀에 잠깐 정적이 흐르고, 일주일 후 수요일 오후에 시간이 괜찮다고 하셨다. 그러면서 아예 대방동 자택으로 오라는 말씀을 덧붙이셨다.

"좋습니다. 그럼 수요일 오후에 뵙겠습니다."

전화를 끊자마자 나는 벌써 그 분을 만날 기대감으로 구름 위를 걷는 것만 같았다.

수요일 오후, 석 화백님 댁 아파트 19층에 도착했다. 현관문에 붙어있는 교패를 보니 반가워서 '할렐루야'가 절로 튀어나왔다. 지난번 전화를 드렸을 땐 그림의 매력에만 풍덩 빠져 화백님이 신앙인인지 아닌지도 미처 확인할 길이 없었는데 하나님께서 이렇게 한 발 앞서 인도해 주시니 그저 놀랍고 감사했다.

추어탕 집에서 첫 점심식사를 했다. 누군가와의 식사 자리에서 식사를 돕는 일은 처음이라 조금 어색했으나, 자연스럽게 이야기를 나누다보니 한결 친밀감이 두터워진 듯 했다. 수묵화 작품이야기를 하던 중, 나는 '의수를 했는데도 어떻게 그리 필력이 강렬할 수 있느냐'고 그 비결을 여쭈었다. 석 화백의 답변은 묵직한 감동을 주었다.

"성악가는 목으로 노래하지 않고 배 힘으로 하듯, 수묵화의 필력은 손과 팔의 테크닉보다 온몸을 이용해야 합니다. 그래야 힘찬 붓놀림이 되어 역동적인 필력이 나옵니다."

전기기술자였던 그는 서른 살에 작업을 하다가 22,000볼트에 감전되었다고 했다. 장례 준비를 하라는 의사의 이야기를 들었지만, 두 팔만 잃었을 뿐 생명에는 지장이 없었다. 어느 날 5살짜리 아들이 그림을 그려달라고 해서 의수로 처음 그림을 그려주게 되었는데 가족들이 모두 잘 그렸다고 칭찬을 해주었다. 그것이 제 2의 인생을 사는 계기가 되었다. 처음엔 서예로 시작했으나, 우연히 누드 크로키를 붓으로 그리면서 지금과 같은 새로운 장르로 발전했다는 것이다. 그때까지는 석 화백의 변화를 아무도 알아주지 않았던 시기였다.

인고의 시간을 보내던 2011년에 역사가 일어났다. 평창올림픽 최종 프리젠테이션 현장이었다. 휴식시간에 IOC 실사단 앞에서 그림을 그린 것이다. 피겨 스케이트 김연아 선수의 트리플 악셀 연속동작을 10M 화선지 위에 일필휘지로 그렸다. 그걸 본 심사위원들은 감동을 하고 어떤 위원은 눈물까지 흘렸다. 무표정하던 심사위원장도 미소 짓게 만든 석화백의 퍼포먼스는 15분간의 휴식시간을 지나 2시간이 넘게 이어졌다고 한다. 그 일은 2018년 동계 올림픽을 대한민국 평창으로 유치하는 일에 크게 기여했다.

점심식사를 마치고 석 화백으로부터 '석창우의 선과 묵과 누드의 세계' 라는 작품 팸플릿을 선물 받았다. 그는 늘 작품을 끝내면 마지막에 성경 말씀을 쓰고 발로 낙관을 찍는다고 했다. 예수님의 못 자국 난 손바닥처럼 예수님의 못 자국 난 발바닥이라는 의미를 표현하려는 의도라고 했다. 두 팔이 없는데도 하나님의 도구가 되어 복음 전하는 사명을 감당하는 그를 보니 나와 같은 길을 걸어가는 동행인을 만난 것 같아 정말 감사했다.

"우리가 하나님 나라의 손과 발이 되어 힘을 합치면 좋겠습니다."

웃음으로 말없이 답하시는 석 화백님과 다음을 기약하고 헤어졌다. 작품 전시 팸플릿 표지 작품을 다시 보니 놀랍게도 그 날 새벽예배 때 내게 주신 말씀(마7:7)이 쓰여 있었다. 석 화백과의 만남이 하나님의 기도 응답이라는 것을 확신할 수 있었다.

석 화백님은 한 달 정도 미국 전시회를 마치고 돌아와 연락을 주셨다. 다시 댁으로 찾아가 뵈었다. 그림을 그릴 수 있도록 화선

지를 펼친 후, 내가 아이디어 스케치한 것을 들고 있으면 석 화백
은 매의 눈처럼 한 번 보고 일필휘지로 그려냈다. 보고 있으면서
도 믿기지가 않을 정도로, 대단한 실력이었다.

　12개 작품을 그리는 데 2시간도 채 안 걸렸다. 감사의 사례를
드린 후 기쁨으로 작품을 들고 왔다. 그렇게 해서 복음광고 '사
람' 편 12작품이 컬래버레이션으로 발표될 수 있었다.

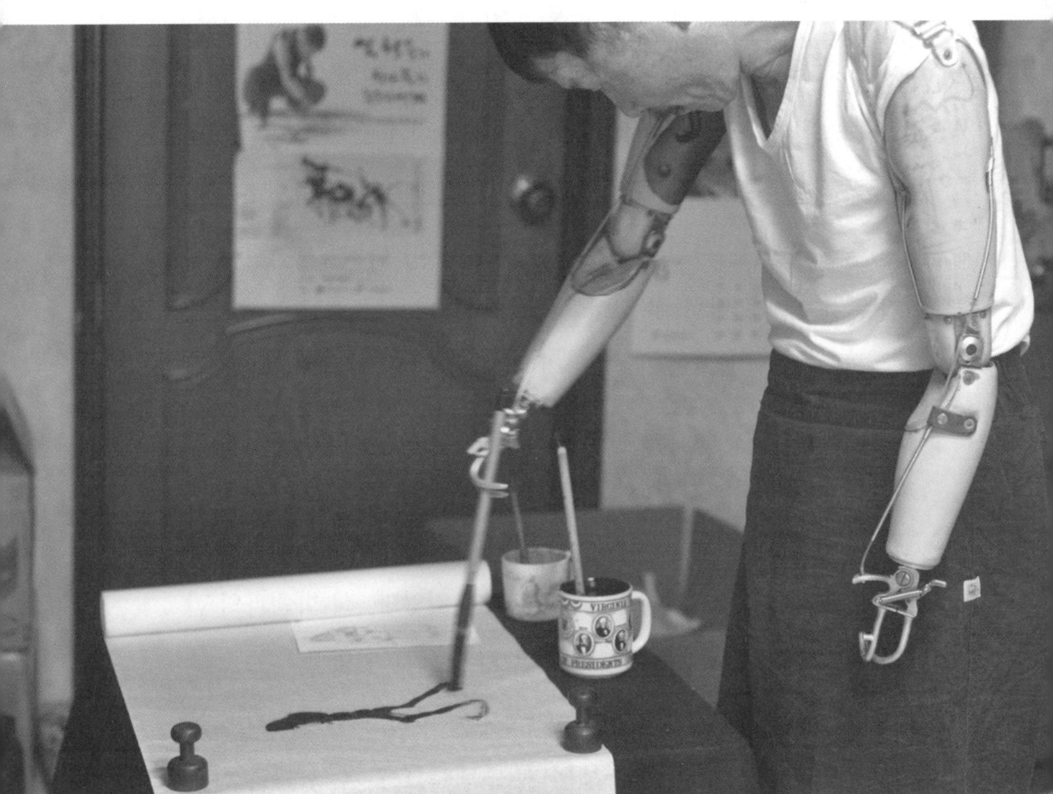

2012년작 복음광고 '사람' 편 스케치 한 12작품을 보고 석창우 화백이 일필휘지로 그리고 함께 협업작업

새 출발

동행

축복

생명
주권

사랑

예배자

인도하심

믿음

사뿐아

헛되고
헛되니

감사

마지막 주자

3

예수 광고쟁이

왜 양다리를 걸치느냐?

복음광고, 이 일은 하나님께서 내게 주신 천직이다. 이 일을 하다가 죽어도 나는 좋다. 이 일이라면 나는 돈이 안 되어도 그만이다. 이 일은 내 인생에서 가장 가치 있는 일이다. 이 부르심에 내 인생을 던진다.

2009년 가을 기도 중에 한 말씀 앞에 섰다.

"하나님과 재물을 겸하여 섬기지 못하느니라."

두 주인을 섬길 수 없다는 예수님의 가르침에 나는 꼼짝 없이 붙들린 것이다. 외면하고 싶었지만, 직면해야만 했다.

상업광고회사와 복음광고 문화사역을 동시에 병행한다는 것은 더 어려웠다. 이것도 아니고 저것도 아닌 상태로 하나님 나라의 비전을 가지고 갈 수는 없었다. 드디어 결단을 해야 하는 시간이 찾아왔다.

말씀대로 살아 보려고 하니 현실의 문제가 쉽지 않았다. 돈이 없으면 얼마나 고통스러운지 너무나 잘 알기에 결정이 더욱 어려웠다. 그러나 어쩌겠는가? 고통스럽겠지만 누군가는 이 사명을 감당해야 한다. 상상 이상으로 힘든 일이 따라오겠지만, 내게 주신 사명에 순종해보리라 결심했다. 순종하면 하나님께서 나를 통해 직접 일하시는 것을 보게 될 거라는 믿음이 있었기 때문이다.

광야와도 같은 시간에 골방에 들어가 엎드리면 하나님은 신묘막측한 일을 만들어놓으셨다. 그러나 거기까지 가려면 오롯이 인내의 시간이 필요하다. 인내하지 않으면 갈 수 없고 그분의 손길도 경험하지 못한다. 그 사이에도 사단은 끊임없이 내 귀에 대고 속삭인다.

"돈이 말을 한다. 돈이 힘이다."

하나님께 결단하고 돌아가지 않으면 여전히 우리는 돈의 노예들이다. 돈에 굴복하고 돈에 묶여 있으면 인생의 모든 보람과 가치의 판단은 돈이 있고 없고가 기준이 된다. 우리 각자에게 주신 꿈과 재능을 꽃피워야 할 사명자들이 돈 때문이라고 핑계하며 사명과 비전을 감당하지 못하면 어찌 되겠는가. 돈만 따라가면 어떻게 복음을 전할 수 있으랴? 돈에 묶여서는 하나님을 섬길 수 없다.

부자 청년처럼 재물에 묶이면 '소유를 나누어 주고 나를 따르라'고 말씀하신 예수님을 따를 수 없다. 그가 만약 가난하고 어려운 과부들에게 그의 소유를 나누어 주고 예수를 따라 제자가 되었다면 2천 년 넘게 칭송을 받고 하늘 보좌의 예수님 옆에 있지 않았을까?

2009년 가을 신사동에서의 8년 광고 사업을 정리했다. 그 결정을 할 때 성령께서는 아무하고도 상의하지 못하게 하셨다. 가장 가까운 아내하고도 말이다. 내 결정은 한 가정의 가장으로서 책임감 없는 소리로 들릴 게 뻔하기 때문이다. 성경 속의 영웅들은 다 부러워 보이지만, 막상 내 가족과 내 아이들이 고난의 잔을 받고 사명자로 살아가는 것은 미친짓처럼 보이고 너무나 괴로운 일이 될 테니까.

나의 장례식

2010년 새해부터 교회의 지하 골방기도실은 말씀과 기도로 영감을 받는 자리이면서 동시에 내 사무실이 되었다. 그리고 일주일에 하루는 서울에 나가 금요 직장인예배에 참석했다.

새해 첫 금요일 날, 혼자 예배드리는 것보다 누군가와 함께 드리고 싶다는 생각이 들었다. 마침 충무로에 사업을 하고 있는 P실장에게 전화해서 함께 예배드리게 되었다. 예배 시간 내내 주님의 은혜로 눈물이 복받쳐 흐르는 P실장을 보면서 감사했다.

점심식사를 함께하며 복음광고에 전념하려 한다는 내 결단을 이야기했더니 P실장은 매우 놀랐다. 그러면서 자신도 나와 같이 하나님 나라를 위해 일하는 것이 비전이라는 말을 했다. 우리는 의기투합했고, 서로 기도로 준비하기로 했다. 그리고 매주 금요일엔 직장인예배를 함께 드리고 교제하며 서로의 아이디어와 계획들을 조율해나갔다.

P실장은 이 문화 사역을 위해 우선 돈을 투자받자고 강력하게

주장했다. 처음에는 거부했지만 P실장의 계속된 말에 설득된 나는 자금투자와 관련해 사람들을 만나고 다녔다. 그런데 아무래도 이건 아닌 것 같았다. 솔직하게 다시 이야기를 나누었는데 서로 간에 좁혀지지 않는 의견 때문에 불편한 관계가 되고 말았다.

3월 말쯤이었다. 2주 만에 다시 만나 그간의 이견을 서로 화해하고 P실장이 사주는 점심을 먹고 헤어졌다. 그런데 이것이 마지막 만남이 될 줄이야.

그와 헤어지고 사흘 뒤, 부활주일을 보낸 월요일 오전이었다. 목동의 친구와 통화하던 중 P실장이 방금 사무실에서 뇌출혈로 쓰러졌다는 충격적인 소식을 들었다. 눈앞이 하얘지면서 멍한 기분이 들었다. 노란 개나리꽃들이 흐드러지게 핀 봄날, 43살이라는 젊은 나이에 그는 뇌사판정을 받았다. 자신의 장기를 필요로 하는 사람들에게 모두 나누어주고 이 세상의 수고를 모두 마친 후 눈물과 고통 없는 주님의 품으로 갔다.

세브란스 장례식장에서 슬픈 마음으로 후배를 보내고 앉아 있는데 하나님께서는 갑자기 내게 물으셨다.

"너의 장례는 어떻게 준비하고 있니?"

정신이 번쩍 드는 말씀이어서 잠시 생각에 잠겼다.

'나는 이 땅에 무엇을 남기고 갈 것인가?'

스스로에게 질문을 던지다가 파노라마 필름처럼 눈앞으로 지나가는 내 인생을 보게 되었다. 그리고 온전히 하나님께 구하지 않고 투자를 받기 위해 3개월 동안 방황했던 시간이 얼마나 허무했는지 깨달았다.

‘그래, 내 삶의 우선순위가 바뀌었어… 이제 다시 골방 기도실로 들어가 주님 주시는 영감을 받아야겠다. 그리고 복음광고 작품들을 콘텐츠로 만들어야겠다.’

P후배의 장례식장에서 깊은 깨달음을 얻은 나는 왜 나를 아직 데려가시지 않았는지 알 수 있을 것 같았다.

‘언젠간 나도 주님께서 부르시면 가게 되겠지. 내 장례식은 허례허식을 모두 벗을 거야. 이왕이면 조화 대신 살아생전 만든 복음광고 작품들로 꾸며야겠어. 장례식장을 복음광고 전시장으로 꾸며 찾아오는 조문객들에게 천국 복음을 전할 거야.’

내 장례식을 마음속에 그려보는 것만으로도 기뻤다. 마지막까지 예수 복음을 전하는 예수 광고쟁이의 장례식을 전시장으로 만들고 싶다고 큰아들에게 미리 유언을 했다. 심판 날 주님 앞에 섰을 때 잘 했다 칭찬 받고 면류관도 받고 싶었다.

너희는 하나님과 재물을 겸하여 섬길 수 없느니라 (누가복음 16:13)

B. C.에서 A. D.로

1994년 9월 1일은 ‘JAD’ 창립일이다.

동교동에서 맨손으로 광고회사를 설립하여 파란만장한 세월을 살아왔다. 온전히 나는 주님의 은혜와 도우심으로 여기까지 올 수 있었다.

2010년은 예수님만을 광고하며 살겠다고 결단하고 실행한 복음광고의 원년이다. 새로운 장르를 개척하며 회사 이름의 의미를 새롭게 바꾸었다. 'JAD'는 예수님^(Jesus)을 의미하는 'J'와 예수님 이후를 의미하는 'A. D.'의 합성어이다. 또한 AD는 'advertising'의 뜻인데, 예수 복음을 광고하는 회사로서 예수만을 전하는 도구가 되기를 바라는 마음을 담았다.

'JAD^(제이에이디) = 예수님만을 광고하는 복음광고 회사'

JAD는 광고라는 강력한 시각언어를 통해 예수님을 만나게 하는 접촉점으로 만들어 주님의 지상명령을 수행하는 데 설립 목적이 있다. 복음광고라는 내 사명을 십자가로 지고, 아무리 어려운 일이 있어도 자비량으로 헌신하겠다고 서원했다.

2007년부터 2011까지는 매년 프랑스 칸 광고제에 복음광고 작품을 출품했다. 하나님께는 복음광고 작품이 50여 점만 준비되면 2001년 칸 국제광고제 전시장에서 본 것처럼 복음광고로만 전시회를 열수 있도록 기도했다.

드디어 50여 편의 작품이 준비되었다. 2013년 2월 명동 청아람에서의 첫 '예수' 주제의 복음광고 전시회를 시작으로, 파주에서 제주까지 20여 차례의 전시회를 마쳤다. 2014년부터 2018년까지 유럽과 터키, 미국 순회전, 아프리카, 중국 상해 등에서 복음광고 전시회와 집회로 인도해주셨다.

주여, 주여 하는 자마다 다 천국에 들어가지 못한다고 예수님께서 분명하게 말씀하셨다. 사도 바울의 고백을 빌리자면 자신의 얼굴을 주먹으로 쳐서라도 자신이 주님 앞에서 교만한 자리에 앉지 않도록 늘 절제했다고 했다. 자비량으로 선교하며 복음 전하는 삶을 살다 끝내 참수형이라는 순교를 당하기까지. 순종한 바울처럼 끝까지 복음 전도자의 사명을 감당하겠다.

내가 내 몸을 쳐 복종하게 함은 내가 남에게 복음을 전파한 후에 자신이 도리어 버림을 당할까 두려워함이로다(고린도전서 9:27)

예수 광고쟁이로 산다는 것

광고판에 뛰어든 지 벌써 28년째다.

새로운 분야에 도전하는 것에 대해 많은 사람들은 회의적이고 부정적이다. 아마도 도전이라는 말이 가진 태생적 불확실성과 실패에 대한 두려움 때문일 것이다. 하지만 가치 있는 일에 뛰어드는 무모한 도전에는 언제나 새로운 기회가 공존한다. 누구나 결과를 예측할 수 있는 곳에는 이미 치열한 경쟁이 벌어지고 있다. 불확실성이 클수록 기회 또한 더 크다.

복음이라는 거룩한 용어와 광고라는 상업적 언어가 어울리지 않는 '복음광고'에 대해 가만히 생각해 본다. 복음광고라는 말이 평범해 보이고 어쩐지 익숙하게 들리기도 하지만, 엄밀히 말하면 2001년에 처음 사용한 용어다. 지금도 복음광고는 아직 남들이 뛰어들지 않는 미개척 분야이지만, 4차 산업혁명 시대에 절대적으로 필요한 선교의 도구임이 분명하다.

'복음광고'는 사람의 마음을 움직이게 한다. 세련된 이미지와 함축적인 광고 카피를 이용해 사람들의 마음을 움직여 하나님을 만나게 하자는 시도다. 그러한 복음광고가 정작 교회의 관심을 받지 못한다면 정말 안타까운 일이다. 천지를 지으신 하나님께서 나의 주님이시고 나의 광고주이시다. 이보다 더 위대한 빽과 후원자가 어디 있겠는가!

하나님을 대면하고 절박하게 기도하면서 받은 영감은 진정성이 있는 복음광고를 만드는 토양이 되었다. 태초에 이미 나는 복음광고라는 사명을 감당하게끔 택정되어 있었던가 보다. 이 땅에서 사는 동안 예수 그리스도의 복음을 광고로 제작하여 많은 죽어가는 영혼들을 살리고, 영원한 복음 광고인으로 살다가 주님 곁으로 가리라.

복음광고의 전도방식 중 효과가 큰 방법 하나는 교회 외벽을 이용해 대형 현수막을 거는 간접 전도다. 한국에서는 2014년 대학로의 동숭교회 외벽에 건 대형 현수막을 최초의 복음광고로 꼽을 수 있겠다. '0+1=100'이라는 공식 하나로 궁금증을 유발하는 티저광고로 복음광고 작품을 걸었다. 하박국 선지자의 기도처럼 '비록 내게 아무것도 가진 것이 없는 빈손이라도 구원의 예수님 한분이면 충분합니다.'라는 메시지 뜻을 담고 있다. 복음광고는 믿는 사람이나 믿지 않는 사람이나, 마음을 움직이게 하고 세상을 향해서 시대에 맞는 '시각언어'로 말을 걸어야 한다. 복음광고를 이용한 전도는 미국이 훨씬 더 앞서 있다. 고속도로 옥외광고판(빌보드)이 대표적이다. 미국 전역을 동서남북으로 횡단하는 고속도로와 시내를 관통하는 프리웨이 광고판에 성경 구절을 표시하거나 복음 메시지를 써넣고 있다. 기독교인 차량의 범퍼나 차체에 복음 광고 스티커를 부착하여 움직이는 광고판이 된다. 스티커 내용은 수천 종류에 이른다.

복음광고는 한국교회에 대한 사회적 인식이 악화되고, 반기독교적 정서가 팽배해진 지금의 상황에서 참신한 시도로 평가를 받고 있다. 무엇보다도 새롭다는 반응이 많다.

문제는 복음광고라는 문화사역에 대한 목회자 및 교계 리더들의 이해와 참여가 아직까진 부족하다는 점이다. 또한 복음광고의 중요성을 안 교회라 하더라도, 저작권자의 동의를 구하지 않고 무단으로 사용하는 저작권 위반 사례가 많다는 점도 아쉽다.

교회는 무릎기도와 하나님이 주시는 영감을 받아 제작한 복음광고 작품에 관심과 지원을 보내줄 필요가 있다. 즉 적정 가격을 통해 구매한 이 복음광고를 전도에 적극 활용할 때, 우리는 예수님이 지시하신 문화 명령을 수행하게 되는 동시에 문화사역자들을 지원하는 일석이조의 효과를 거둘 수 있다. 은혜라는 이름으로 무단 도용하는 것은 이 일에 종사하는 사명자들의 기를 꺾는 행위와 같다. 정당한 대가를 치르고 함께 고민하며 만들고 활용할 때, 복음 전도의 가치는 더 높아진다.(글 출처, 국민일보 2015. 2. 14자 광고가 선교다. 신상목 기자)

또한 교계의 그런 지지와 관심이 뒷받침될 때, 젊고 능력 있는 '예수 광고쟁이' 들이 계속해서 배출될 것이다. 또 하나, 복음광고는 단발로 그치지 말고 꾸준히 광고를 해야 효과를 볼 수 있다. 요즘에는 SNS의 발달로 1인 미디어 시대가 활짝 열렸다. 복음광고를 하기에 더없이 좋은 도구가 생겼다는 뜻이다. 복음광고를 시작하고 나서 나는 선교의 최전방에서 사역하시는 선교사님들의 편지를 많이 받고 있다.

필리핀에서 활동하는 단기 선교팀들로부터 사영리처럼 복잡한 전도지는 이제 거부감을 가지는 데 반해 단순하게 만든 복음광고 전도용품은 전도활동을 하는 데 탁월하다는 선교 보고를 받았다.

터키의 경우 무슬림 지역이라 직접적으로 전도를 할 수 없는데 복음광고 전시회를 열어 청년들에게 자연스럽게 다가갈 수 있었다고 한다. 이제 문화적 차원에서의 접근을 통해 복음을 제시할 때가 되었다.

시각언어는 세계인과 통한다

시각언어는 문자언어보다 더 힘이 세다. 잘 만들어진 시각언어는 세계만국공통어인 '영어'보다 더 많은 사람들이 이해할 수 있다. 문맹과 문화, 정서와 남녀노소를 뛰어 넘는 최고의 소통 수단이라고도 할 수 있다.

우리는 천 마디의 말로 이 세상을 바꾸려고 한다. 또한 시스템을 바꾸면 세상을 바꿀 수 있다고 생각한다. 하지만 하나님은 세상이 아닌 사람을 바꾸신다. 정확히 말하면 그 사람이 변화되길 원하신다.

서울 광화문의 교보문고에 붙어 있는 대형 현수막을 한 번쯤은 보았을 것이다. 짧은 글과 그림은 삶에 지쳐 오고 가는 많은 사람들에게 위로와 감동을 준다. 분기별로 바뀌는 교보문고 현수막을 볼 때마다 나는 언제나 청량감과 함께 신선한 자극을 받는다. 이제 그것은 서울의 십대 명물 중 하나가 되었다. 급변하는 세상 속에서 시대의 흐름을 잘 읽어 낸 걸작이라 하겠다. 이렇듯 세상 사람들에게 신선한 느낌과 선한 영향력을 미치는 복음광고를 한다면 이보다 좋은 게 또 있을까.

물론 거룩함과 세속화의 이분법으로 말하지 않더라도, 교회문화의 몰이해를 지적하기 위해 교보문고를 예로 드는 것이 적절하지 않을 수 있다. 그러나 현재 교회가 하고 있는 각종 현수막들을 연구해 보면 왜 이런 이야기를 꺼내는지 자명해진다. 진실로 교회가 알리려고 하는 것은 예수님인가, 교회의 건물인가, 교회의 행사인가 아니면 목회자의 경력인가.

만약 교보문고가 현수막 가득 서점이나 책 홍보를 했다면 이 정도로 사람들에게 사랑을 받지는 못했을 것이다. 직접적인 서점 홍보나 판매할 책 홍보를 뛰어넘어 대중들의 보편적 정서와 감성을 건드렸기에 오래오래 감동과 여운을 주는 것이리라.

그런 측면에서 보자면 현재 교회의 전도방식은 세상과 동떨어지다 못해 도태되고 있는 것처럼 보일 정도다. 말로는 세상과 사랑으로 하나가 되겠다고 하면서, 전도 방식으로는 세상과 절대 섞이지 않겠다는 이분법적 논리를 편다. 세상 문화의 비본질성을 분별하는 것과 세상의 문화 자체를 도외시하고 완고하게 버티는 것은 다르다. 그것이 대안이나 해결책이 될 수 없다.

최근의 영국 무신론자들은 그들의 주장을 광고로 전한다. 사람들의 이목이 집중되는 장소에 최첨단의 광고를 이용해 무신론의 타당성을 입증하고 신의 부재를 증명하려 애쓴다. 그런데도 아직 우리나라의 많은 목회자들은 광고의 막강한 힘을 인식하지 못한다. 이제부터라도 교회는 복음광고와 같은 전문인 문화사역에 신경을 써야 하고, 그 중요성 또한 알아야 한다. 장기적인 관점에서 가장 시급한 기독교 문화 사역은 바로 새로운 접근을 보여주는 복음광고다.

요즘 예배당 건물들은 얼마나 크고 화려한가? 그 외벽에 복음광고판을 거는 것이다. 교회 옆을 지나가는 수많은 사람들과 차량들이 달리거나 걸으면서 볼 수 있지 않을까.

대학로의 동숭교회, 영등포 영도교회, 옥수동의 약수교회, 의정부 샘물교회, 인천 영락교회, 일산 제자광성교회, 광주 벧엘교회, 밀양 별빛교회, 전주 새은교회 등은 현재 외벽에 복음광고를 게시하고 있다. 짧고 강렬한 복음광고를 통해 하나님을 만나고 회심하는 사람들이 나타나고, 교회의 격이 달라졌다며 복음광고를 설치한 교회 담당자가 감사의 글을 보내온다. 이제는 마음의 문을 열어 새 시대 문화의 흐름을 받아들이고, 나아가 새로운 기독교 문화를 창출해야 한다.

바보들의 행전

　성경에 등장하는 인물들 가운데 하나님께 쓰임을 받은 사람들 치고 세상적인 시각으로 보면 바보가 아닌 사람들이 거의 없다는 주일 은혜의 설교 말씀이 생각난다.

　멀쩡하다 못해 화창한 날에 홍수가 난다며 축구장만한 크기의 방주를 건조했던 노아는 바보 중 상바보였다. 하나님의 말씀 한마디에 순종해 보따리를 싸 들고 본토 친척 아비 집을 버리고 떠난 아브라함도 바보였고, 80살 노령에 지팡이 하나 들고서 강대국 이집트에서 노예 살이 하는 자기 민족을 해방시키겠다고 나선 모세도 바보였으며, 물맷돌 하나로 거인 골리앗과 싸우러 나간 다윗도 진짜 바보이거나 미친 아이었다. 목수장이 청년 예수를 신의 아들로 믿고 따라 나선 12제자들도 바보이기는 매한가지였다. 인간의 생사여탈권을 가진 절대 권력자 교황이 면죄부를 돈 받고 판다며 분노하여 95개 반박문으로 도전한 마틴 루터도 간이 배 밖으로 나온 바보였다.

　그러나 그들이야말로 세상 사람들이 간 넓은 길을 따라가지 않은 복음의 천재들이 아닌가. 먼저는 하나님 나라와 의를 위해 사명에 사로잡힌 삶을 살았고 열매 맺은 행복한 그리스도인들이다. 그렇게 보면 비록 영혼구혼을 위해 복음을 광고하는 일을 한다 해도 나 또한 미쳤거나 바보임에 틀림없다. 사람들이 알아주지도 않고 오히려 모두 손가락질하는 '복음광고' 라는 미개척분야를 유일한 사명으로 알고 뛰어들어 지금까지 외길 인생을 살아왔기 때문이다. 그러나 나도 행복하다.

시각언어는 인종과 종교, 문화를 뛰어넘을 수 있는 강력한 힘이 있다. 복음광고를 영문 버전의 전도지로 만들어 열방 가운데 전도여행을 가보니 이끌어 주시는 성령의 역사가 나타나고, 아주 효과적인 전도 방법이라는 것을 알게 되었다.

하나님 나라를 위해 사는 이들에게는 필연적으로 고난과 조롱이 따른다. 그러나 기도하며 인내했던 그 믿음의 선진들이 있었기에 이 땅의 역사 즉 하나님의 이야기는 지금까지 계속 기록되고 있다.

오늘도 살아계신 주님이 매순간 나와 동행하시고 인도하실 것을 믿는다. 그것만 잊지 않으면 주님이 내 삶을 통해 열매를 맺어 가시는데 놀라운 신비 그 자체다. 비록 세상 사람들이 나를 가리켜 바보라고 조롱하고 비웃을지라도 괜찮다. 오직 예수 그리스도만 믿고 세상에 선한 영향력을 끼치며 나간다면 분명 하나님은 나를 통로로 사용하시어 세상을 조금씩 변화시키실 것이다.

정신 나간 사람이라고 해도 좋다. 계란으로 바위를 치는 일처럼 무모한 도전이라고 해도 좋다. 덤으로 사는 인생, 하나님 나라의 비밀한 진리의 말씀을 전하는 예수 광고쟁이로 생명책에 기록되면 족하다. 척박한 환경 속에서도 지금까지 복음광고 문화사역을 해올 수 있었던 것은 나의 사명이기 때문이었다. 모든 것을 포기해도 그 무엇과도 바꿀 수 없는 가장 가치 있는 진리, 그 복음을 창조적인 광고로 만들어 주님만 전하리라.

두려워 말라 내가 너와 함께 함이니라 놀라지 말라 나는 네 하나님이 됨이
니라 내가 너를 굳세게 하리라 참으로 너를 도와주리라 참으로 나의 의로
운 오른손으로 너를 붙들리라(사 41:10)

세계 최초의 복음광고 전시회

2013년 02. 18(월) - 23(토) 일주일간
청어람(명동)에서 부활하신 '예수'를 만나보실 수 있습니다.

아무것도 없는 백지 상태에서 시작해 10년 동안을 준비한 첫 전
시회를 하나하나 퍼즐을 맞추듯 인도하신 성령님께 감사드린다.
예산, 기획, 홍보 등 어느 것도 할 수 없었지만, 오직 예수님의 인
도하심만 믿고 나아간 첫 전시회였다.

높은뜻연합선교회 김동호 목사님께 복음광고 문화사역을 알려
드리고, 명동의 청어람에서 전시회를 열 수 있도록 요청을 드렸지
만 처음에는 말씀이 없었다. 그래서 페이스북 메시지로 매일 복음
광고 작품과 스토리텔링으로 한 작품씩 보내드리자 9전 10기만
에 전시회를 허락해주셨다.

초대 현수막을 걸었다.

"하나님 나라의 복음은 모든 사람들에게, 모든 곳에 땅 끝까지
전해져야 하는 핵심 가치이자 진리다."

"세상 기업도 사활을 걸고 광고하는데 분명 '복음' 도 광고되어
야 한다."

2013년 2월 18일(월), '예수' 주제로 '2013 크리에이터 정기 섭의 복음광고 전시회' 오픈식이 열렸다. 오케스트라 단원 10여 명의 연주로 100여 명의 초대 손님과 관람객들을 모셨다.

'0+1=100'.

'비록 내가 아무것도 없는 빈손이라도 예수님 한 분 만나면 충분합니다'를 본 한 페이스북 친구는 감사 메시지를 보내왔다.

"한동안 지독한 우울증과 불면증에 시달렸는데 이 복음의 메시지를 보고서 위로가 되고 얼마나 많이 회복이 되었는지 몰라요. 고마워요."

내가 그랬던 것처럼 복음광고로 누군가에게 하나님을 만나는 접촉점을 만들어주고 싶었는데 이런 고백을 들으니 그간의 피로가 싹 날아가고 심신 가득 기쁨이 차올랐다. 밭에 감춰진 보화를 발견하는 것처럼 누구에게라도 불현듯 하나님을 만날 수 있는 복음광고전시회가 되기를 기도했다. 복음광고는 대부분 책상머리가 아닌 골방의 기도실에서 탄생된다. 지금까지 제작한 복음광고만 100여 편. 야구장의 홈플레이트^(오각형 모양의 홈베이스) 이미지를 이용해 만든 'Come back Home'은 "오라! 우리가 여호와께로 돌아가자"^(호세아 6:1)는 성경구절을 모티브로 했다. 모든 구기 종목들은 다 남의 집에 골을 넣어야 점수가 되지만, 유일하게 야구만 자기 집으로 돌아와야 점수가 주어지는 운동이다. 본향으로 돌아오라는 복음의 메시지와도 잘 통한다. 전시회에 온 한 여성은 야구광이었는데 알고 보니 기독공보 기자였다. 이 홈베이스 광고에 감동하여 며칠 뒤에 인터뷰를 하고 신문 전면에 기사화 되었다.

제작 과정에는 에피소드도 있다. 광고모델이 되어줄 홈플레이트를 수소문하다가 1년 만에 찾게 된 장충동 리틀야구장에서는 연습을 방해한다며 화가 잔뜩 난 감독에게 쫓겨날 뻔도 했다. 그때 성령께서는 순간적으로 지혜를 주셨다.

"가출 청소년들을 집으로 돌아오게 하는 포스터를 만들려고 합니다."

그 말에 태도가 180도 달라진 감독님께서는 갑자기 내게 90도로 인사를 했다.

"그러셨군요. 몰랐습니다. 이렇게 귀한 일을 하시는데 얼마든지 촬영하십시오."

이 광고는 야구팬들을 겨냥해서 만들었다. 프로야구장에 입장하는 관중 인구가 해마다 기록을 갱신하고 있다고 한다. 야구장이 있는 지역의 교회들이 연합해 지하철, 야구장, 교회 건물 외벽 등에 이 광고를 설치한다면 멋진 영혼구원의 복음광고가 될 것이라고 생각한다.

복음의 최전방에서 온 편지들

터키에서 사역하시는 한 선교사님이 페이스북에서 나의 활동과 복음광고 작품들을 눈여겨보시고는 어느 날 편지를 보내왔다.

안녕하세요 복음광고를 페이스북으로 접하고 이렇게 글을 드립니다. 복음이 광고라는 옷을 입고 전해질 수 있다는 것이 색다르기만 했는데, 정기섭 대표께서 하시는 일을 보고 큰 도전도 받고 많은 생각들을 하게 됐습니다. 저는 터키에서 사역을 하고 있는 선교사입니다. 누구보다 앞서서 복음의 최전방에서 전하는 일을 하고 있는데, 매일 깨닫는 것이 선교는 쉬운 일이 아니라는 것입니다. 그러던 중 정 대표님의 복음광고를 접하게 되었고, 제게도 아이디어를 하나 주셨습니다. 복음을 광고의 형태로 전하면, 더 많은 사람들이 쉽게 볼 수 있겠다는 생각을 하게 되었습니다. 그래서 제 생각을 정 대표님과 나누고 싶어서 이렇게 글을 드립니다. 제가 생각한 것은 이렇습니다. 현재 인터넷을 통해 컴퓨터와 스마트폰에 많은 광고들이 나가고 있습니다. 특히 유투브와 페이스북에 관심을 갖게 되었습니다. 왜냐하면 제가 살고 있는 이곳의 현지인들이 아주 많은 시간을 유투브와 페이스북에 할애하기 때문입니다. 이곳에 특별히 그들의 언어로 만든 복음광고를 싣는다면, 많은 사람들에게 복음을 좀 더 포괄적으로 전할 수 있는 좋은 기회가 되지 않을까 합니다. 물론 이러한 광고를 싣는 데 비용이 들겠지만, 그러한 비용에 비해 효과는 클 것으로 봅니다. 광고의 비용 및 형태에 대해서 많은 아이디어가 필요하겠지만, 분명 큰 효과가 있을 것으로 봅니다. 어떻게 생각하십니까?

터키 앙카라에서 복음광고 전시회를 본 S선교사님이 보내 온 또 다른 편지이다.

안녕하세요? 처음으로 인사드립니다. 저는 앙카라에서 대학생들을 대상으로 사역하고 있는 S선교사입니다. 지난 번 앙카라 K교회에 예배를 드리러 갔을 때 정 대표님께서 직접 제작하신 복음광고 전시회 작품들을 보면서 참 많은 생각을 하게 되었습니다. 흥미로웠던 것은 믿지 않은 터키 친구가 같이 있었는데, 저희에게 '0+1=100 & 100-

1~0' 의미를 열심히 설명해 주는 것이었습니다. 자기는 예수를 믿지
도 않으면서 우리에게 복음광고를 보며 열심히 설명해 주는 것을 보
면서, 문득 저희 사역에 사용해 보고 싶다는 생각이 들었습니다.
저희 팀은 앙카라 K교회에서 매주 금요일 저녁에 대학생들을 대상
으로 전도 집회를 하고 있습니다. 보통 총인원 35명 정도가 참석하고
있고, 특별한 날엔 80명에서 100명이 올 때도 있습니다. 구도자 예배
형식으로 전도를 하지요. 티타임, 찬양, 메시지, 게임, 교제 등의 프로
그램들로 예배를 드리고 있습니다. 지난주에 믿지 않은 청년이 저희
들에게 직접 제작하신 복음광고를 설명하는 것을 보면서, 매주 금요
일 전도 모임에 직접 제작하신 복음광고들을 전시하면 좋겠다는 생
각을 했습니다. 티타임이나 교제 시간에 복음 광고를 진열해 놓으면
터키 학생들이 저희들에게 내용을 물어볼 수도 있고, 저희들도 그들
에게 복음광고 내용에 대해 소개하면서 좀 더 효과적으로 복음을 전
할 수 있지 않을까 생각했습니다.
혹시 제작하신 복음광고를 저희들이 사용할 수 있는 방법이 있을까
요? 저희들에게 복음광고를 제공해 주시면, 매주 금요일 전도모임
때 교회에 전시해 놓고 효과적인 전도를 위해 잘 사용하겠습니다.

**이번에는 스페인에 계시는 한국인 수녀님께서 메일로 편지를
보내 주셨다. 카타리나 수녀님이다.**

찬미 예수님.
지난 5개월간 명함을 갖고 있다가 오늘에야 드디어 메일을 드립니다.
2013년 6월 한국 음악축제를 바르셀로나에서 성대히 거행했습니다.
소프라노 Y교수님의 부군이신 H교수님^(동숭교회 장로)이 우리 일행에게 정
기섭 형제님의 아름다운 삶을 전해 주셨습니다. 유럽의 성지인 몬세
라트 대수도원 공연을 앞두고 720m 고지 공연무대에서 H교수님이

형제님의 그림으로 만든 복음광고 작품들을 꺼내시더니, "전 지금부터 예수 광고를 하겠습니다." 하는데, 모두가 형제님의 작품이었습니다.
'풋고추로는 고추장을 담을 수 없습니다'
'토마토와 같이 겉과 속이 같은 사람'
'아무개의 고백'
H교수님이 정 형제님께, 이렇게 복음광고 작품만 만들어서 생활이 되느냐 물었더니, '하나님 은혜 먹고 산다.'고 하셨다지요 그때 하신 대답을 우리 일행에게 그대로 전하시는 것이었습니다. 대주교님과 그 자리에 있는 우리 모두는 숙연해졌습니다.
6월 공연이 끝나고 꼭 한번 형제님께 메일을 드리고 싶었는데, 계속되는 일들 속에서 정신을 차릴 수가 없었습니다. 늘 이러한 일로 인해 정신없이 표류하고 있지만, 오늘은 꼭 형제님께 메일을 드리고 싶어 열일을 제쳐두고 책상에 앉아 있습니다.
주님을 위하여 귀한 일꾼이 되시는 형제님의 평신도 사도직에 존경과 사랑을 드립니다. -

H교수님은 2013년 복음광고 전시회 때 만났다. 그 때 6월 한 달간 대학로 동숭교회(서정오 목사)에서 열린 적이 있었다.

전시회 기간 중이었다. 하루는 전시장에 있는데 중년 신사 한 분이 작품들을 감상하고 계셨다. 감사한 마음에 가까이 다가가 작가라고 인사를 드리고 작품들을 설명하게 되었다. 작품설명이 끝나자 이 중년 신사 분께서는 '이미 잡혀 있는 약속이 있어 마치고 다시 와서 차라도 한 잔 하고 싶다' 고 하시며 나가셨다.

두 시간쯤 후에 다시 전시장에 오셨다. 커피를 함께 마시며 자신을 소개하시는데 당신은 동숭교회 장로이고 H대학교 교수라고 하셨다.

"이 일은 요즘 시대에 꼭 필요한 문화사역입니다. 미국이나 유럽에서 더 효과적이겠고, 호응 또한 훨씬 클 것 같습니다."

장로님은 이 시대에 맞게 창의적이고 귀한 일을 한다며 격려해주셨다. 장로님의 말씀에 나는 깜짝 놀랐다. 기회가 된다면 나는 미국이나 유럽에 가서 그들의 언어로 복음광고를 하고 싶다고 늘 생각해왔기 때문이다. 아무래도 그 지역들은 이런 시각언어를 종교와 상관없이 인정하는 풍토여서 더 큰 반응들을 얻을 수 있겠다고 생각하고 있었다.

"형제님, 조심스럽지만 이렇게 복음광고 작품을 만들면 생활은 되시는지요."

그 말을 듣는데 마음이 참 따뜻한 분이라고 느껴졌다. 그래서 순간적으로 "저는 하나님 은혜를 먹고 살고 있습니다."라고 고백하게 된 것이다.

아마도 바로 그때 성령님께서 이 장로님의 마음을 감동시키신 것 같다.

"제가 내일 유럽으로 출국을 합니다. 혹시 기회가 된다면 관계자들에게 보여줄 수 있는 복음광고의 카피 작품들을 줄 수 있겠는지요?"

유럽에 가서 내 복음광고 카피 작품으로라도 전시회 관계자를 만나 직접 말씀해보시겠다니 나로서는 얼마나 큰 혜택인가. 모든 게 여호와 이레 하나님의 은혜였다. 전체 작품을 카피 작품으로 가지고 있었던 터라 장로님께 바로 드리게 되었다.

이주 정도 후에 다시 장로님을 만났다. 스페인에서 관계자에게 잘 말하고 왔으니 좋은 소식이 오길 기도하겠다고 하셨다. 그렇게 시간이 흘러 5개월이 지난 2013년 11월에 수녀님으로부터 편지를 받게 된 것이다.

그렇게 수녀님과 메일을 주고받다가 2014년 6월 스페인 마드리드와 똘레도와 그라나다에서 복음광고 전시회를 갖기로 했다. 스페인 주교단에 정식으로 수녀님께서 전시회 추천을 해 주셨고, 한 달 후 허락이 떨어졌다. 단, 전시회의 모든 경비는 자비량으로 할 수밖에 없다는 답변이었다.

하나님께서는 문제를 통해 일하시는 분이다. 기도하면서 주님의 도우심을 구할 때, 주님께서 한 지인을 통해 페이스북에서 하고 있는 '클라우딩 펀드'를 알게 하셨다. 10여 년 동안을 지금까지 한 번도 후원을 받지 않고 자비량으로 달려왔지만, 이번엔 나도 클라우딩 펀드를 이용해보고 싶었다.

'갈 것인가? 보낼 것인가?'

이 제목으로 포스터를 만들어 페이스북에 포스팅하게 되었는데 500만 원 목표액이 한 달 만에 다 채워지는 기적을 맛보게 하셨다. 또한 스페인 마드리드로 가서 직접 뵌 그 한국인 수녀님은 말 그대로 스페인을 들었다 놨다 하실 정도의 여장부셨다. 마드리드에 친분이 있는 한인교회 목회자들에게 이 사실을 알리고, 한인교회에서 복음광고 전시회와 집회로 연결시켜 주셨다. 그리고 파리에서도 그렇게 성황리에 유럽 최초의 복음광고 전시회는 착착 진행이 되었다.

갈 것인가, 보낼 것인가?

하루는 아내와 TV를 보게 됐다. 모 방송에서 현금 5억과 꿈, 둘 중에 어떤 것을 택하겠는지에 대한 질문이 나왔다. 옆에서 있던 아내가 바로 한 마디로 일축했다.

"당신은 보나마나 꿈을 선택할 거야."

아내의 타박의 말에 미안하고 가슴이 아프기도 했지만, 지금까지 동역자로 함께 해 주어 감사할 뿐이었다.

10년 동안 기도하며 전도하게 된 믿음의 동역자가 오전에 전화를 주어서 함께 점심을 하게 되었다. 교제를 마치고 일어서려는데 봉투 하나를 내밀었다. 유럽 복음광고 전시회에 써달라고 후원금을 주는데 감동하지 않을 수 없었다. 또한 서울, 일산, 진해, 김해, 포항, 대구, 광주, 미국, 니카라과, 호주 등 열방 가운데서 믿음의 동역자들이 이 모양 저 모양으로 함께 기도 해 주고 후원해 주셔서 유럽 복음광고 사역을 잘 준비할 수 있었다.

대구에 사시는 한 분은 기도하는데 성령님께서 나에게 스페인 왕복 항공요금을 주라는 감동을 주셨다고 했다. 그래서 내 계좌에 후원금을 보내셨는데 140만원이 찍혀 있었다. 구좌의 단위가 딱 맞아떨어지지 않는 금액이라 어떤 기준으로 보내신 후원금일까 내심 궁금하긴 했다.

나중에 기회가 되어 전화를 드렸더니 기적 같은 간증이 나왔다. 그 분은 한 번도 해외에 나가보지 않아서 항공료를 알지 못했는데 기도 중에 성령께서 140만원을 보내라고 해서 그냥 순종했을 뿐이라고 했다. 내가 구입한 루프탄자 항공비용은 138만 원이었다. 그래서 구입한 비행기 비용을 알려드리니 본인이 더 놀라워하고 기뻐하셨다.

그로부터 한 주가 지났는데 또 대구에서 연락이 왔다. 스페인에서 집회를 한다고 들었는데 이왕이면 새 양복을 입으라며 백화점 양복 매장 전화를 알려 주셨다. 나는 부담스럽기도 해서 왜 이렇게까지 섬겨 주시는지 물어보게 되었다. 당신이 병원에 입원했을 때 페이스북을 통해 복음광고 작품들에 감동과 큰 위로를 받았다고 했다. 그 은혜를 갚고 싶으니 사양하지 말아달라며 외려 내게 부탁하시는 거였다. 덕분에 새 양복과 와이셔츠, 넥타이까지 선물로 받게 되었다. 스페인 마드리드 세 번의 집회에서 이 새 양복을 입고 집회를 인도할 수 있었다.

스페인 똘레도는 유명한 카톨릭의 성지로 관광객들이 젊은이에서 노인에 이르기까지 복음광고 전시회 관람층이 다양했다. 영어와 스페인어로 작품 하단에 제목과 설명을 붙여 놓았다. 관람객들은 동양에서 건너 온 새로운 문화를 접하면서 그림으로 복음광고를 만든 것에 놀라워했다. 기독교신앙을 가진 이들은 감동으로 반응해주었다. 중년의 어느 미국인 부부는 수녀님으로부터 작품설명을 듣고 나서, 작가와 함께 사진을 찍고 싶다고 해서 사진도 찍었다. 작품의 의미를 깨닫는 관람객들의 진지한 관람 태도는 작가인 내게 큰 위로와 기쁨을 주었다. 나는 관람객들의 영혼 구원을 위해 기도했다.

유럽에서의 첫 복음광고 전시회

필사즉생(必死即生) 필생즉사(必生即死), 즉 반드시 죽고자 하면 살 것이요, 반드시 살고자 하면 죽을 것이라는 말이다.

페이스북을 통한 클라우딩 펀드로 만든 100구좌 500만 원으로 작품과 액자를 만드는 경비로 쓰고 나니 주머니는 다시 비어 있었다.

그때 주님께서 다시 감동을 주셨다.

"너는 '0+1=100' 이라고 복음광고로 말했는데 그것을 네가 내게 증명해 보여줄 수 있겠니?"

"네!"

조금의 망설임도 없이 믿음으로 그렇게 증명해 보이겠노라 선포했다.

이 사실을 전혀 모르고 배웅을 나온 아내는 자신에게 돈이 조금 있으니 그거라도 유로로 환전해주겠다고 했다. 나는 아니라고 고개를 저었다. 그렇게 제로인 상태에서 오직 주님의 인도하심만을 바라보고 믿음으로 출발하게 되었다.

40kg나 되는 전시회 액자 작품 박스와 20kg 되는 캐리어. 총 60kg 무게의 짐을 들고 루프탄자 공항 발권대 앞으로 갔다. 그러나 초과중량이 되어 그 짐들은 박스 두 개로 다시 나누어야 한다고 했다. 아주 당황스러웠다. 탑승시간은 촉박한데 단단하게 포장한 작품을 어떻게 다시 두 박스로 나눌까. 하지만 버티거나 고집을 부린다고 해결될 수는 없는 일이었다. 가까스로 비행기 탑승 수

속을 마치고, 기내에 앉고서야 비로소 안도의 한숨을 내쉬었다.

현지공항에 도착해 수속을 마치고 수화물 칸으로 이동했다. 작품 박스를 찾아 카트를 가지러 갔는데 돈을 넣어야 쓸 수 있도록 만들어져 있었다. 동전은 물론 돈은 한 푼도 없으니 그야말로 난감했다. 어쩔 수 없이 20kg 커리어 손잡이 위에 20kg짜리 작품 한 박스를 더 올려 끌고, 다른 한 손으로는 20kg짜리 작품 박스를 어깨에 멨다. 꽤나 멀리 떨어져 있는 출입구까지 오니 온 몸은 땀으로 범벅이 되었다. 입국수속을 마치고 나와 아무도 나올 사람이 없어 공항에서 하룻밤을 보내려고 마음을 먹고 있었다. 그런데 기대하지 못했던 마중을 받았다. 새벽 1시가 넘은 시각이었는데 마드리드 한인교회 서 목사님과 성도 두 분이 마중을 나와 주신 것이다. 바로 나를 알아보시고 짐을 나누어 져주시니 그제야 살았구나 싶었다. 사실 마드리드로 출발하기 전까지 한인교회 집회가 확정 되지 않아 수녀님께만 비행기 도착시간을 알려 드렸기 때문이었다.

곧바로 호텔 숙소로 안내해주셨다. 서 목사님께 환전을 못 해왔다고 말씀 드리니 호텔 룸에서 당신의 주머니를 털어 10유로를 주셨다. 급한 대로 전화나 전철을 탈 수 있도록 하라며 주신 돈이다. 호텔은 얼마나 크고 좋던지 나중에 안 사실이지만 'Auditorium Madrid' 라고 스페인에서 가장 큰 호텔이었다. 주님께 감사함으로 욕실에 몸을 담그고 긴 하루의 여독을 풀었다.

6월 23일 아침 7시 서 목사님과 K집사님께서 차로 동행해주셨다. 스페인의 옛 수도인 톨레도는 돈키호테와 누구를 위하여 종은

울리나 소설의 배경으로 유명한 곳으로 소코도베르 광장, 산타크
루즈 미술관, 알카사르 톨레도 대성당, 산타리타 수녀원, 산토 토
메 성당 등으로 이루어져 있었다. 옛 중세의 도시가 그대로 잘 보
존되어 무척이나 아름다웠다. 미로와 같은 골목이 아기자기하고
그림 같았다. 이런 곳에서 유럽 최초로 복음광고 전시회를 열게
하신 하나님을 찬양했다.

복음광고 전시회를 열 수 있게 스페인으로 초대해주신 카타리
나 최 수녀님과 첫 만남을 반갑게 가졌다. 주교전시회장에 방문해
보니 깨끗하고 넓었다.

그런데 문제가 발생했다. 전시회장을 둘러보니 액자를 걸 케이
블이 없어 준비해 간 액자로는 전시회를 할 수 없었다. 아쉬웠지
만 액자 작품 대신, 한 벌씩 여분으로 들고 간 작품들로 전시하
기로 결정했다. 작품 아래에는 스페인어로 만든 설명문을 부착했
다. 전시회 준비가 완료됐다. 주님은 가톨릭 성지인 유럽의 한 도
시에서 한국의 개신교도가 첫 복음광고 전시회 시작을 할 수 있도
록 인도해주셨다.

다시 마드리드로 돌아와 한인교회에서 3일간의 집회에 초청되
었고, 교회에서도 복음광고 전시회를 열 수 있었다.

2014년 6월 27일(금) 마드리드 순복음교회(소용원 목사) 오후 6시
2014년 6월 28일(토) 마드리드 한인장로교회(서성천 목사) 오후 5시
2014년 6월 29일(일) 마드리드 사랑의 교회(김학우 목사) 오후 6시

스페인에는 제로로 왔는데 모든 일이 착착 연결되어 아무런 불

편함이 없이 다닐 수 있었다. 첫 집회를 마치고 서 목사님께 면담을 요청해 전시된 모든 작품들을 한인교회에 기증하겠다고 말씀드렸다. 놀라신 목사님께서는 작품을 판매하는 것도 아니고 기증을 하면 당장 쓸 돈이 하나도 없을 텐데 어떻게 하려느냐고 반문하셨다.

"하나님께서 지금까지도 책임지셨습니다. 하나님께서 알아서 해 주시겠지요."

그런데 집회 마지막 날 기적 같은 일이 일어났다. 마드리드 사랑의 교회 김 목사님께서 강단에 올라서 하신 말씀 때문이었다.

"저는 이번 집회와 복음광고 작품들을 통해서 많은 은혜를 받았습니다. 이 작품들을 각 가정에 걸어두면 어떨까요? 손님들이 집에 방문하실 때 궁금해서 물어보면, 복음도 전하면서 전도의 접촉점으로 삼으면 좋지 않을까요? 은혜 받으신 작품들을 한 작품씩 먼저 선택하는 가정에게 우선권을 주겠습니다. 복음광고를 위해서 선교헌금으로 구입해 주시면 감사하겠습니다. 그리고도 남는 작품이 있다면 모두 제가 구입하겠습니다."

그러자 순식간에 구입 요청이 밀려들었고, 30여 점의 복음광고 작품들을 모두 스페인의 교포 성도 가정으로 시집을 보내게 되었다. 기대도 하지 않았는데 전 작품이 완판된 것이다.

"'0+1=100', 비록 내가 아무것도 없어도 예수님 한분만으로 충분합니다."

'여호와는 나의 목자시니 내게 부족함이 없으리로다' (시편 23:1)

유럽에 나올 땐 제로로 예수님만 바라보며 여기까지 왔는데 주님은 빈손으로 프랑스로 가는 내게 선교헌금을 마련해주셨다.

마드리드 한인교회에서 집회를 마치고 마지막 저녁 만찬을 하는 가운데 스페인의 어느 목사님으로부터 놀라운 이야기를 들었다. 유럽 최초로 가톨릭의 성지인 스페인 톨레도 주교관에서 전시회를 한 것 자체가 기적이라고 했다. 스페인은 개신교도가 0.3%밖에 안 되는 척박한 땅이라고 했다. 놀라우신 하나님의 은혜였다.

프랑스의 테제 공동체로 가기 위해 공항으로 가는데 갑자기 마드리드 순복음교회 소용원 목사님이 자청해서 차로 동행해주셨다. 파리에서 3박 4일 일정이 있는데 숙소를 예약하지 않았다고 말씀드렸다. 그러자 소 목사님께서는 당신도 목회자가 되기 전엔 광고인이 꿈이었다면서 복음광고라는 좋은 작품들을 보고 감동하셨다고 말씀해주셨다.

소 목사님께서는 놀랍게도 파리에서도 복음광고 전시회를 열 수 있도록 도와주셨고, 선교사 게스트 하우스도 소개해주셨다. 뜻밖의 은혜로 파리 침례교회로 소개가 되어 전시회를 열었고, 전망 좋은 게스트 하우스에서 지냈다. 주님은 내가 유럽을 떠나는 마지막 날까지 아름다운 동행으로 인도해주셨다.

너희 전대에 금이나 은이나 동이나 가지지 말고 여행을 위하여 배낭이나 두 벌 옷이나 신이나 지팡이를 가지지 말라 이는 일꾼이 자기의 먹을 것 받는 것이 마땅함이라 (마태복음 10:9-10)

경찰서에 간 수녀님

스페인의 톨레도 미술관에서 3일간의 복음광고 전시회를 성황리에 잘 마치고, 마지막 날 밤엔 공연장에서 음악회가 열렸다. 이 공연장에서도 복음광고 작품들을 전시해서 많은 관람객들에게 보여주자고 수녀님께서 제안하셔서 작품들을 전시했다.

늦은 시간까지 음악회를 마치고 작품을 철수한 후 수도원 숙소에 돌아와 보니 스마트폰이 없었다. 아무리 찾아도 없었고, 다음 날 오전 다시 공연장에 가 보았지만 거기에도 없었다. 아무것도 없는 내가 이제 스마트폰마저 잃어버렸으니 그야말로 완전한 빈털터리가 되었다. 할 수 있는 일이 없었다. 이번 복음광고 유럽 순회 전시회의 나의 주제 찬양인 '저 장미꽃 위에 이슬' 을 조용히 부르고 있었다.

순간 개인 보험약관에 '해외여행 중 물품을 도난당하거나 분실했을 경우, 현지 경찰서에서 확인서를 받아야 한다.' 는 조항이 생각났다. 10킬로쯤 떨어진 곳에 위치한 경찰서를 확인하고 관광도 할 겸 걸어서 가게 되었다. 수녀님께서 스페인어로 작성해주신 사유서를 보여주었는데 경찰관은 분실확인서를 발급해주지 않았다.

경찰관은 수녀님과 통화를 하더니 오후 4시에 수녀님을 동행하고 다시 경찰서에 나오라고 했다. 답답하고 화가 났다. 그렇다고 말도 통하지 않는 경찰에게 따질 수도 없고 해서 그냥 웃었지만, 어떤 이유로든 수녀님을 경찰서에 가시게 해서 죄송한 마음이었다.

지나고 보니 그 아름다운 톨레도에서 경찰서를 두 번이나 간 것
도 추억이 되었다. 수녀님과 함께 경찰서에 간 에피소드는 지금
생각해도 입가에서 미소가 번진다.

영혼의 울림

"만약 복음광고가 주는 울림이 없었다면 제 마음도 움직이지 않
았을 것이고, 정 대표님을 도와드릴 생각도 하지 않았을 것입니
다."

스페인의 톨레도에서 복음광고 전시회를 할 때였다. 수도원 숙
소에서 만났던 클래식 기타리스트 L형제가 그라나다에서 내게 해
준 말이다.

그라나다를 아침 7시에 도착 했을 때, 고속터미널로 L형제가
마중을 나와 주었다. 클래식 기타공연 준비로 바쁠 텐데 내게 천
사 역할을 해준 것이다. 그 일행들이 '아람브라의 궁전' 관광을
위해 입장권을 예매한다기에 나도 가고 싶다고 말하자 입장권을
구입해왔다. L형제의 깊은 배려로 아침 9시부터 관광을 시작해
서 저녁 6시 공연 전까지 자유롭게 관광할 수 있었다. 저녁 공연
이 끝나고 미술관 관장님을 만나 복음광고 전시회를 그라나다에
서 할 수 있도록 회의를 하기로 약속이 되어 있었다. 나는 관광지
에서 바로 공연장으로 갈 수밖에 없었는데 초등학교 4학년 아들
을 시켜 내 복음광고 작품집을 호텔에서 공연장까지 가져다주었

을 때는 얼마나 큰 감동을 받았는지 모른다. 한국에 귀국한 뒤 고마운 마음에 대학로 마로니에공원에서 감사에 보답하는 만남을 가졌다.

L형제는 일 년 전의 일을 얘기해 주었다. 스페인에서 공연을 앞두고 H교수^(동승교회 장로)님이 복음광고를 발표해 주셨을 때, 자신도 그 자리에 있었다고 한다. 그 때 신앙적으로 많은 방황을 하고 있었는데 복음광고를 통해 '영혼의 울림'을 받았다고 고백했다. 성령님께서 복음광고를 통해서 L형제를 감동시키지 않았다면 스페인 그라나다에 갈 수도 없었고, 아무런 일도 일어나지 않았을 것이다.

이제 L형제는 내 든든한 동역자로 2016년 갤러리 처치에서 새해 첫 복음광고 전시회를 오픈할 때 축하연주로 클래식 기타 연주도 해주었다. 또한 L형제는 자신이 유학한 독일 한인교회에서 복음광고 전시회를 열 수 있도록 돕겠다는 약속까지 해주었다. 모든 영역에서 협력하여 선을 이루어주시는 하나님께 감사와 찬양을 올려드린다.

2014년 스페인 톨레도 주교관에서 복음광고 전시회

4

지저스 터치스 유

천사들

2014년 7월 1일 마드리드 공항에서 소용원 목사님의 배웅을 받으며 프랑스 리옹으로 출발했다. 탑승 준비를 하는데 한국인은 눈 씻고 찾아봐도 없었다. 함께 갈 한국 사람이 있었으면 좋겠다고 잠깐 기도했는데 탑승수속 중에 한국원자력연구소 연구원 두 분을 만났다. 무척 반가웠다.

비행기는 이륙한 지 2시간 만에 리옹 공항에 도착했다. 수화물을 찾아 나오는데 연구원 한 분이 나를 기다려주는 것이었다. 고마웠다. 이들도 지하철로 리옹역까지 가는 길이라며 함께 가자고 하니 든든했다.

지하철을 함께 타고 가며 서로 이야기를 나누었다. 그들은 신앙을 가진 분들이 아니었는데 복음을 전하는 내게 한 마디 했다.

"당신의 아내가 참 대단합니다."

항상 우리 주님이 대단하다고 느꼈지만, 그 순간 새삼 아내의 노고에 감사하는 마음이 깊이 들었다. 리옹역에 도착하자 한 사람은 테제와 파리로 가는 내 기차 발권 예매를 도와주었다. 파리에서의 전시회 때문에 공중전화를 이용하려 했는데 고장이 났는지 전화를 쓸 수가 없었다. 그런데 한 프랑스 중년 부인이 우릴 지켜보고 있다가 자신의 휴대전화로 직접 전화를 걸어 주더니 통화하라고 친절히 도와주었다. 이 중년 부인에게 감사의 표시로 전도지를 전했는데 갑자기 내 옆에 있던 불신자인 원자력연구원이 나를 대신하여 전도지의 뜻을 설명해 주었다. 복음의 메시지가 이 사람에게도 임했다는 사실을 확인할 수 있는 순간이었다. 감사의 인사를 나누고 우리는 각자의 길로 헤어졌다.

열차를 타고 저녁 8시쯤 마콩센터역에 내렸다. 기차역 밖으로 나가보니 버스운행 시간이 끝나 있었다. 택시 기사에게 테제 공동체로 가자고 했는데, 승차거부를 당했다. 난감한 상황이 되었다. 기차역 안으로 다시 들어갔다. 발매기 앞에서 표를 사는 한 동양계 사람에게 다가가 테제 공동체를 아느냐고 하니 뜻밖에도 잘 안다고 했다. 지금 버스도 택시도 가지 않으니 나를 좀 도와 달라고 하자 그는 흔쾌히 수락했다.

자신의 차를 태워주고 테제로 가는 차 안에서 그는 내게 영어로 저녁은 먹었냐고 물었다. 아침에 과일 몇 조각밖에 먹지 않아 몹시 배가 고프다고 하자 집에 가서 저녁식사를 함께 하자며 자신의 집으로 안내했다. 자신은 베트남 사람이라고 했다. 두 나라 간에 아픔의 역사가 있다는 걸 알고 있었지만, 같은 동양 사람이라 그런지 신뢰가 갔다. 그의 집은 역에서 가까웠다. 그는 가족들을 소개한 후 아주 맛있는 저녁식사를 대접해주었다.

식사를 마치고 그의 가족들과 함께 차를 타고 시골길을 따라 고

속도로로 진입했다. 아우토반을 달리듯 신나게 음악을 켜고 드라이브를 하는데 '라붐' 이라는 영화음악이 흘러 나왔다. 순간 주연 배우인 소피 마르소가 생각났다. '당신의 아내가 소피 마르소를 닮았다.' 고 했더니 차 안에서 한바탕 웃음꽃이 피어났다.

1시간쯤 달려 드디어 테제 공동체에 도착했다. 나는 딸아이에게 50유로를 주며 감사를 표했다. 안 받겠다고 사양을 하는 걸 진심으로 고마워서 주는 것이니 꼭 받아달라고 하니 기쁨으로 받았다. 작별 인사를 한 그는 아내와 딸을 데리고 테제 젊은이들의 축제 인파 속으로 들어갔다. 그들의 뒷모습을 보며 이 긴 하루 동안 얼마나 많은 천사를 주님께서 붙여주셨나 헤아려보게 되었다.

테제 공동체

테제 공동체에서는 아침·점심·저녁 식사 전 예배에 필히 참석해야 한다. 지구촌에서 날아온 1,000여 명의 순례자들이 함께하고 있었다. 테제에서의 첫 날 밤은 얼마나 피곤했는지 배정받은 숙소 2층 침대에 눕자마자 곯아 떨어졌다.

달콤한 잠에서 새벽 4시쯤 일어났다. 유럽에 와서 더한 자유함을 맛보았다. 돈이 없으니 돈에서 자유하게 되고, 스마트폰마저 잃어버렸으니 주님만 의지하는 마음이 더욱 간절해졌다. 문명으로부터 자유하고 또 시간에서 자유하니 이제야 내 모습이 제대로 보이는 듯 했다. 산책을 하며 주변을 돌아보니 수백 개가 넘는 텐트가 있었다. 전 세계의 젊은이들이 테제로 모여드는 이유가 무엇일지 궁금했다.

8시 30분 아침 예배의 시작을 알리는 종소리가 울려 퍼졌다. 본당에는 벌써 수백여 명의 예배자들로 가득 찼다. 우리나라 1970~80년대의 기도원을 연상케 했다. 장의자가 없어 나는 바닥에 무릎을 꿇고 앉았다.

흰옷을 입은 수사님들의 찬양에 맞추어 테제 공동체의 예배가 시작되었다. 악기는 최대한 자제한 채 클래식 기타 반주만 이어졌다. 5도~8도 화음으로 부르는 찬양, 악보는 단순하게 한 소절뿐이었다. 소가 되새김질을 하듯 반복되는 아름다운 찬양 속에서 하나님의 깊은 임재 속으로 들어갔다. 말씀과 기도로 내 영혼이 위로를 받고 신령과 진정으로 하나님께 예배하는 은혜를 맛보니 내 눈에는 감격의 눈물이 흘렀다.

흰옷 입은 수사님들은 무릎을 꿇은 채 주님만을 높이고, 한 수사가 일어나 하나님의 말씀을 읽을 뿐이고, 회중은 침묵과 기도와 찬양만 이어졌다. 그리고 수사님들의 퇴장으로 모든 예배가 끝이 났다. 나에게는 신선한 예배였다.

테제에서 저녁 식사를 마치고 숙소에 들어오니 어디에서 많이 본 듯한 한국분이 와 계셨다. 서로 인사는 나누었는데 어디서 만났는지 생각이 나지 않았다. 자세히 보니 대학로의 동숭교회 교구 담당 목사님이셨다. 그분께서 내 침대 아래에서 짐을 풀고 있는 것이 아닌가?

2014년 1월 나는 문화선교를 위해 13년간 섬겼던 일산의 교회

를 떠나 새롭게 동숭교회^(서정오 담임목사)로 옮기게 되었다. 그런데 이
렇게 지구 반대편까지 심방을 올 정도로 구역관리가 철저한 교회
인 줄 몰랐다. 아주 반가웠다.

목사님은 한 달 전에 이미 테제 공동체에 오시기로 결정하셨다
고 했다. 테제에 막 도착하기 전까지는 내가 여기에 있는 걸 몰랐
는데 저녁식사 때 나를 보셨다고 한다. 저녁 예배를 드리기 전까
지 유럽에서의 간증을 들려드렸다. 목사님 또한 놀라워하시며 여
기까지 인도하신 하나님께 감사의 기도와 영광을 올려드렸다.

아내가 파송한 남편 선교사

2014년 7월 프랑스 리옹 근처에 있는 테제 공동체에서 일주일
간의 안식을 마치고 파리로 왔다. 마드리드의 소 목사님 소개로
파리 침례교회에서 3박 4일간의 복음광고전시회를 열었다. 액자
와 별도로 파일에 담아 간 여분의 작품들로 전시회를 했다.

그때 만난 한 선교사님이 기억에 남는다. 독신으로 선교사역을
하고 계셨다. 게스트하우스 근처 역까지 나를 마중 나와 주셨고,
장기간 해외에 나와 있다 보니 한국 김치가 그리웠던 내게 맛있는
김치도 담가 주셨다.

파리에서의 첫날밤은 달콤했다. 깨끗하게 세탁되어 향기까지
나는 이불은 솜털 같이 포근했다. 높은 언덕 위에 30층으로 지어
진 아파트 28층에 자리한 게스트하우스는 웬만한 호텔보다 더 좋

았고, 집에 온 것처럼 편안한 휴식 공간이 되어 주었다.

창밖으로 파리 시가지가 한 눈에 들어오고 경치가 일품이었다. 게스트하우스를 관리하시는 선교사님은 프랑스에서 미술을 전공한 작가이기도 해서 서로 통하는 점이 많았다. 복음광고 문화사역에 많은 관심을 가져주셨다. 게스트하우스에 복음광고 작품으로 실내장식을 한다면 전 세계에서 찾아오는 선교사님들과 여행자들에게 도전과 깊은 깨달음을 줄 수 있겠다며 공감해주셨다.

왠지 모르게 깊은 속내를 털어놓고 싶어졌다. 그때까지의 가장 큰 내 고민은 가장으로서의 부담감이었다. 복음광고 사역을 하는 나는 어떤 형편에 처하든지 주님의 일을 하는 기쁨으로 충만할 수 있는데, 그 대가로 아내를 비롯한 가족들은 현실적인 어려움에 자주 놓이게 되었기 때문이다. 가장이 되어 가정경제를 책임지지 못한 채 아내를 힘들게 하는 것 같아 부담이 컸다.

선교사님은 명쾌한 조언을 들려주셨다. 하나님이 아내에게 직장을 주신 것은 이유가 있을 거라고 하셨다. 남편을 문화사역자로 파송하기 위함이라는 것이다. 나는 아내가 파송한 문화사역자니 그 역할 그대로 열심히 일하고, 아내는 그런 나를 돕는 배필로 생각하고 살면 편할 거라는 게 요지였다. 물론 여전히 아내에게 빚진 마음은 있지만, 그동안 엉킨 실타래처럼 스스로 풀지 못했던 내 문제를 새로운 시각으로 바라보게 해주시니 마음이 한결 편안해졌다.

프랑스를 떠나던 날, 복음광고 전시회 작품 철거도 선교사님이 도와주셨다. '염려하지 마라' 라는 참새 편을 가장 좋아하신다는 선교사님께서 의외의 고백을 하셨다. 사실 자신은 염려를 많이 하는 사람이라는 것이다. 하여 그 참새 작품을 선물로 드렸더니 소녀처럼 좋아하고 기뻐하셨다.

게스트 하우스에 복음광고 전시장을 만드시라고 '수의에는 주머니가 없습니다'를 비롯해 5작품을 더 건네 드렸다. 드골 공항으로 가는 공항버스를 타는 곳까지 배웅해주셨는데 아내와 아이들에게 주라며 백화점에서 옷과 선물을 사 주셨다. 기쁘고 감사한 추억을 가득 안고 한국으로 돌아왔다.

공중의 나는 새를 보라 심지도 않고 거두지도 않고 창고에 모아들이지도 아니하되 너희 하늘 아버지께서 기르시나니 너희는 이것들보다 귀하지 아니하냐 (마 6:26)

물이 포도주로 변했다

2014년 7월에 있었던 일이다. 약 한 달간 첫 유럽 복음광고 전시회를 성황리에 잘 마치고 돌아왔는데 공항에 도착하는 날이 바로 카드 결제일이었다. 그 달엔 158만 원을 결제해야 했다. 전시회 비용과 경비로 통장은 마이너스 한도마저 넘어 완전한 제로 상태였다. 어떻게 해야 할지 고민을 거듭했지만 대책이 없었다.

다시 기도하라는 주님의 사인으로 받아들이고 있었는데 새벽기도를 드릴 처소를 찾지 못했다. 잠시 페이스북을 보다가 페친 사모님이 올린 포스팅을 접하게 되었다. 당신의 교회에서 내일부터 특별새벽기도회가 있다는 내용이었다.

'잘 됐네. 이 교회에서 새벽기도를 드려야지.'

다음날 새벽 일산 라페스타에 있는 교회로 갔다. 첫날 새벽예배 말씀 본문은 예수님께서 공생애를 시작하시고 베푸신 첫 기적, 가나의 혼인잔치였다. 잔칫집에 포도주가 떨어진 난처한 상황은 바로 내 상황과 일치했다. 성경에서는 예수님이 계신 자리에서 바로 문제가 해결되었으니 물이 포도주로 변하는 기적은 지금 내게도 절실히 필요했다.

하나님께 삶을 드리고 순종하겠다며 기도할 때마다 하나님은 얼마나 자주, 얼마나 다양하게, 얼마나 때에 맞게 응답해주셨던가. 결제에 필요한 물질을 통장에 채워달라고 간절히 기도했다. 얍복강에서 야곱이 하나님과 씨름한 것처럼 기도하고 있는데 갑자기 하나의 생각이 떠올랐다. 예수님이 항아리에 물을 채우라고 하셨을 때, 하인들은 논리나 이성으로 반응하지 않고 순종하여 우물물을 길러 항아리에 아귀까지 가득 채웠다. 그럼 내 통장에 돈을 채우려면 어디로 가야 할까? 생각해보니, 통장의 우물가는 은행이라는 답이 나왔다.

지인 중에 모 은행 지점장으로 있는 K형님이 생각났다. 그냥 방법을 찾아야겠다고 생각하고 아침에 전화를 드린 후 오후에 찾아 갔다. 그런데 지점장님은 날 보자마자 건강보험료를 얼마나 내고 있는지부터 물었다. 13만 원정도 낸다고 하니 그럼 나는 대출 자격이 안 된다고 하는 것이다. 이유를 물어 보니 지금 내고 있는 건강보험료가 너무 많아서 그렇다고 했다. 정부에서 지원하는 서민

대출을 받으려면 건강보험료가 7만원 이하여야 가능하다는 거였다. 자격조건이 안 돼 대출도 받지 못하고 돌아오려는데 지점장 형님이 갑자기 내게 봉투를 건넸다. 그런데 나는 그 때 받는 손이 부끄럽다는 생각과 함께 매달 내고 있는 건강보험료에 대한 의문과 분노가 일어났다.

은행 문을 나서자마자 바로 건강보험공단에 전화해서 내 건강보험료 산정 기준이 뭔지 물었다. 담당자가 확인을 해 주었는데 거기서 놀라운 사실 하나를 알아냈다. 직원은 내 건강보험료가 2년 전부터 임의로 조정된 것 같다며 말 꼬리를 내렸다. 결론은 월마다 약 7만 원씩 24개월이나 과다 청구되었던 것이다. 건보 직원은 대수롭지 않다는 듯이 과다 청구된 돈은 바로 통장으로 환급된다는 말을 했다. 죄송하다는 인사와 함께 내게 들려준 환급금은 총 160만 원 정도였다.

"와~우! 할렐루야~ 주님, 감사합니다."

얼마나 기뻤는지 미친 사람처럼 큰 소리로 외쳤다.

"물이 포도주로 바뀌었다."

주님께 감사가 터져 나왔다. 은행에 대출을 하러 갔다가 대출은 고사하고 건강보험료만 밝히게 되어 약간 모멸감을 느꼈었다. 그건 하나님이 내 삶에 생긴 문제점을 발견하게 하신 것이다. 그러고 나서 문제를 해결하려고 시도하다가 과다 청구된 환급금을 받아 카드결제를 할 수 있게 만드셨다.

굳이 대출을 할 필요도 없이 이미 2년 전부터 이 때를 위해 꼭 필요한 자금이 채워졌으니 여호와 이레의 하나님이 아니신가.

할렐루야! 가나의 혼인 잔치에서 물이 포도주로 변한 것처럼, 내 필요를 아시고 기도응답의 기적을 맛보게 해 주신 살아계신 주님을 찬양했다.

신의 한 수

2015년 4월 부활주일을 며칠 앞두고 있었을 때다.

통장의 잔고를 보니 또 제로가 되어 있었다. 한두 번 겪는 일은 아니었지만, 순간 또 마음이 무너져 내렸다. 지금껏 사명을 감당한다는 기쁨 외에 늘 곤핍한 삶을 이어왔지만, 새삼스럽게 힘들다는 마음이 차올랐다. 아픔 가운데 나는 또 습관처럼 골방 바닥에 얼굴을 납작 대고 십자가 자세로 엎드렸다. 또다시 간절히 눈물로 기도할 수밖에 없었다.

눈을 뜨고 있으면 나도 모르게 빈 통장 생각이 났다. 하고 싶지 않은 생각이 저절로 떠오른다는 것 자체가 괴로웠다. 초저녁이지만 억지로 잠을 청했다. 꿈속에서까지 걱정이 되었던 걸까. 문득 눈이 떠져서 시계를 보니 새벽 1시였다. 폰을 보니 뉴욕에 있는 한 페이스북 친구가 메시지를 보내 왔다.

글을 읽어보니 예수님의 못 자국 난 손을 담은 복음광고('부활'편)를 미국에서 이번 부활절 자동차 스티커로 만들고 싶다고 했다. 그걸 부활절 기념으로 나누고 싶으니 이미지 사용을 허락해 달라는 메시지였다. 할렐루야!

사실 나도 부활주일을 앞두고 계획하고 있는 게 하나 있었다. 교회 외벽에 대형현수막으로 '부활신앙' 편을 붙일 수 있도록 기도하고 있었다. 멋진 아이디어를 제안해 주셔서 감사하다고 답장을 한 뒤 성령님의 일하심에 또 감동했다. 지구 반대편 뉴요커에게도 동일한 마음의 감동을 주시니 어찌 놀라지 않을 수 있을까.

나는 디자인(예수님의 못 자국 난 손 이미지) 쓰는 것을 흔쾌히 허락했다. 그리고 조심스레 답장 메시지를 하나 보냈다.

"한 가지, 주 안에서 한 형제인 L대표께 말씀 드립니다.

아시는 바와 같이 예수 복음광고 사역은 후원 없이 자비량으로 하는 문화사역이랍니다. 성령님의 도우심으로 지금까지 감당해오고 있습니다. 그런데 현재 재정이 바닥난 상태입니다. 어제 밤 저도 부활주일 전에 교회 외벽에 '부활' 편 현수막을 올릴 수 있도록 재정을 허락해 주시도록 기도하고 있었습니다. 그런데 그곳에서도 저와 똑같은 생각을 말씀해주시니 너무 놀라고 감동했습니다. 좋으신 성령님께서 이 새벽에 이 대표님을 천사로 보내주셔서 감사합니다."

바로 답장이 왔다.

"문화선교사님!
디자인 사용을 허락해 주셔서 감사합니다. 메시지를 보고 여러 가지 생각이 들었습니다. 저도 미국에서 사업을 시작하면서 어려웠던 시절에 사무실 바닥에 엎드려 눈물로 기도했던 적이 있었습니다. 동병상련의 마음이 느껴집니다. 큰 도움은 못 되겠지만, 계좌번호 알려주시면 디자인 사용 비용을 보내 드리고 싶습니다. 그동안 선교후원을 하면서 느낀 점은, 입으로만 선교를 말하고 자기 물질을 쓰지 않는 고마운 격려의 글과 함께 그날 새벽 즉시로 디자인 사용료를 보내주었다. 그렇게 하나님께서는 지구 반대편 뉴욕의 천사를 붙여주셔서 재정을 채워 주셨다. 그리고 기존의 부활의 예수님 못자국 난 손 디자인에 JESUS와 YOU를 넣어서 부활 편 'Jesus touches you' 라는 차량 스티커가 탄생하게 되었다.

뿐만 아니다. 한국, 미국, 호주, 뉴질랜드, 대만, 일본, 니카라과, 과테말라, 아르헨티나 등에서 동시에 차량 뒷 유리에 스티커 붙이기 운동으로 움직이는 복음광고가 되었고, 전세계로 크리스천 운전문화 캠페인을 시작했다. 스티커가 2만장 정도 제작되었다. 차량 안을 골방기도실로 만드는 운전대용 스티커와 스마트폰용 전자파방지용 스티커도 개발되어 많은 분들의 사랑을 받았다. 또한 대형 LED사인 채널 간판을 7호까지 제작하게 하셨다. 이 모든 것이 주님의 크신 은혜이고, 처음부터 끝까지 주님께서 홀로 일하셨다.

예수님과 하이파이브

인천 남동공단에 본사가 있는 ㈜아모텍 기업은 코스닥 상장회사로 스마트폰 부품 및 제조업 관련업체다. 이 회사와 복음광고의 만남은 큰 기쁨이었다. 이 기업의 K회장님은 10년 전 하나님의 기업임을 선포하고 오직 믿음으로 사업체를 운영해왔다.

2015년 5월 페이스북을 통해 알게 된 선교사님께서 아드님의 결혼 때문에 한국에 오신 니카라과 L선교사님이신데 내게 전화를 주셨다. 복음광고 사역을 격려해주시기 위해 시간을 내서 일산에 있는 연구실로 직접 찾아오시겠다는 것이다. 그런데 만나기로 약속한 날 새벽 4시쯤 L선교사님으로부터 문자 메시지를 받았다.

선교사님께서는 새벽기도 중에 십자가 아래에 복음광고로 만든 '지저스 터치스 유^(Jesus touches you)'가 밝게 빛나는 환상을 보셨다고 한다. 그래서 그 감동을 주체할 수 없어 새벽인데도 문자를 보내셨다고 했다. 마침 이날 오전 8시에 서울 앰버서더 호텔에서 선교사님의 동기인 K회장과 조찬 미팅이 잡혀 있는데 나를 그 자리에 초대하고 싶다는 내용의 메시지였다. 좋은 일이 있겠다는 예감이 들었다.

새벽 5시 30분쯤 집을 나서서 약속장소로 나갔다. 페이스북을 통해 교제했지만 직접 뵙고 인사를 드리는 것은 그 자리가 처음이었다. L선교사님의 첫 인상은 온화하셨다. 마치 큰형님처럼 따뜻하게 나를 맞아 주셨고, 동석하신 K회장님께도 나를 소개해주셨다. 식사를 하는 도중 회장님께서 내 간증을 듣고 싶다고 하셨다. 약 20분 정도 복음광고 이야기를 말씀 드렸더니 무척 감동적이라면서 격려 해 주셨다. 그리고 회장님의 회사로 초대해주셨다.

아모텍 기업을 방문해보니 옥상에 대형 십자가가 있었다. 교회도 아닌데 십자가가 있어 이 회사 회장님의 믿음을 알 수 있었고, 그분의 추진력과 용기에 감동했다. 홍보이사를 만나 회사의 설립 취지와 기업문화 등을 소개 받았다. 게다가 이 회사의 전 계열사엔 신우회가 조직되어 있다고 했다. 더 놀라운 것은 회장님께서 매일 계열사를 돌며 신우예배에 참석하시는데 직접 기타를 치며 찬양을 하고, 예배 인도까지 하시는 '멋쟁이 회장님'이라는 얘길 전해 들었다.

이 날 나를 회사에 초청하신 이유는 아모텍이라는 기업의 '제2의 도약을 위한 중장기적인 전략' 때문이라고 하셨다. 기업 이미지가 들어간 회사의 중장기적 복음광고 플랜을 기획안으로 만들어서 보고해달라는 것이다. 매우 좋은 기회였다. 한 달이라는 기간 동안 열심히 준비했다. 그런데 당혹스럽게도 회장님은 그 기획안을 단번에 거절하셨다. 갑자기 앞뒤가 어수선해지면서 막막했다.

무엇이 문제인지 알게 되는 데는 그리 시간이 많이 걸리지 않았다. 다시 새벽에 기도의 무릎을 꿇었다. 시안을 다시 만들었다. 이번엔 L선교사님께서 기도 중에 환상을 보셨다는 십자가 아래에 예수님의 못 자국 난 손으로 만든 '지저스 터치 유' 사인을 LED 채널로 시안을 만들었다. 다시 2차로 보고하는 날이 왔다.

회장님께서는 매우 기뻐하시며 바로 시안을 채택하셨다. 그러면서 다시 내게 격려의 말씀을 덧붙여주셨다.

"수고했습니다. 아주 좋습니다. 사실 저는 굉장히 까다로운 사람입니다. 기획안을 받으면 대개 다섯 번 정도는 퇴자를 받고 마음에 들지 않으면 결정이 더디지요. 그런데 이번 기획안은 겨우 두 번째에 OK 한 겁니다. 허허.”

총 다섯 개의 계열사가 있는데 먼저 인천 본사의 건물 십자가 아래에 ‘Jesus touches you’ 사인을 LED 간판으로 설치하게 되었다.

첫 시공을 다 마칠 때쯤이다. 8월의 무더운 날씨에 경비실에 들어가 시공을 지켜보고 있었다. 경비 아저씨는 70세쯤 되어 보였다. 순간 이분은 저 사인의 의미를 이해하실까 궁금해졌다.

“아저씨! 저 사인이 무슨 뜻 같으세요?”

거기서 나는 너무 감격적인 답변을 듣게 되었다.

“예수님께서 하이파이브 하자고 하시는 것 같네요!”

전혀 뜻밖의 답변에 나는 매우 감동을 받았다. 저녁이 되어 본사 건물대형 LED에 불이 들어오자 감격은 더 솟구쳤다. 그 동안 들인 고생이 감사의 눈물이 되어 흘러내렸다.

(주)아모텍 본사 십자가 아래 지져스 하이파이브 유 LED

‘주님!’ 내 입술에선 감사와 감격이 터져 나왔다.

얼마 후 설치된 간판을 보신 회장님도 ‘Jesus touches you’ 사인 LED 간판을 보시고는 기뻐하셨다. 그러면서 지체하지 말고 천안 1, 2 공장과 오산, 김포에 있는 나머지 네 개의 계열사 건물에도 십자가 아래 이 예수님의 못 자국 난 사인 LED를 설치하도록 지시하셨다. 그 일로 여름 내내 3개월 정도를 기쁨 가운데 분주하게 보냈다.

“세상에 이런 기업은 없을 것입니다.”

(주)아모텍 천안 건물에 예수 부활 사인 간판을 설치하고 있을 때, 이 회사 임원 중 한 분이 지나가다가 설치 작업을 하고 있는 나를 보고 건넨 말이다. 그 분의 말을 듣고 있자니 문득 회장님께서 하신 말씀이 생각났다.

“예수님 부활의 손 사인을 건물에 설치하는 목적은 외부에 보여주기 위함이 아닙니다. 직원 한 사람 한 사람이 이 사인을 보고 예수님을 만날 수 있도록 하기 위해서입니다.”

주님은 이 일을 (주)아모텍에는 믿음의 회장님을 통해 전 직원에게 전도의 기회를, 돈 없이 복음광고 사역을 하는 내게는 자금 압박의 고난에서 숨통을 트이게 해주셨다.

마로니에서 뉴욕까지

“비록 내가 가진 것이 하나 없어도 오직 예수 그리스도 한 분이면 충분합니다."

'0+1=100' 광고는 '오직 예수 그리스도가 최고의 가치' 라는 뜻을 담고 있는 티저 광고(궁금증을 일으키는 광고)이다.

처음 이 광고를 내놓았을 때만 해도 내가 살고 있던 일산에서는 문화사역을 펼 수 있는 풍토가 마련돼 있지 않았다. 복음광고 사역을 활발히 펼쳐가기 위해 좋은 교회를 찾고 또 찾았으나, 교회 외벽에 복음광고를 설치하는 데 재정을 투자할 만한 교회의 리더를 찾기가 어려웠다. 이 문제를 두고 5년 정도 기도하다가 2014년 대학로 동숭교회로 섬기는 교회를 옮기게 되었다.

2013년 6월 이 교회에서 한 달 동안 전시회를 했다. 전시장에서 처음 만난 H장로님이 복음광고가 유럽으로 진출할 수 있도록 도와주신 것이 결정적인 계기가 되었다. 이 만남으로 10여 년을 준비한 복음광고가 세계를 향해 나갔다. 2014년 6~7월 유럽 하늘에 세계 최초로 복음광고 전시회를 갖게 된 것이다. H장로님은 이러저러한 방법으로 예수 복음을 전하는 문화사역에 힘을 실어 주셨다.

유럽에서의 전시회를 마치고 돌아와 주일 예배 후에 H장로님을 만났다. 여정에 대한 감사 인사를 드리고 말씀을 나누었는데 더 반가운 제안을 하나 해주셨다.

"주님께서 예수 광고쟁이를 우리 교회에 보내 주셨는데 당연히 복음광고를 집행해야 하지 않겠습니까? 교회에 대형 현수막 거치대가 있는 넓은 외벽이 있는데 복음광고를 한번 걸어봅시다."

그러나 아무리 좋은 뜻이라고 해도 장로님 혼자만의 의견을 교회 측과 협의 없이 그대로 실행할 수는 없었다. 교회에도 절차가 있기 때문이다. 아무래도 7년 전 구청에서 현수막 철거 사건 때문에 교회 중직들은 염려가 있었던 모양이다. 교회에서는 옛 교회 건물을 문화예술인과 연극인들에게 내 주었고, 공연 안내를 위한 대형 현수막 거치대까지 외벽에 설치했다고 한다. 그런데 설치 후 지금까지 7년 정도나 사용하지 못하고 있었다. 연극인들이 대형 현수막으로 상업 연극 포스터를 걸자, 구청에서 불법 현수막이라며 철거해갔기 때문이다.

장로님께서 '만약 교회에서 예수님을 광고 했다고 현수막을 철거해간다면 싸움을 해서라고 또 만들면 되지 않겠냐?' 며 추진을 독려했다. 마침 비어 있는 공간이 있고, 상업광고가 아니라 복음광고이니 철거 대상이 아니라며 H장로님이 적극 팔을 걷어붙인 것이다. 결국 교회의 허락이 떨어졌다. 여호와 이레의 하나님께서는 이미 7년 전부터 복음광고를 걸 거치대를 설치하고 기다리고 계셨던 것이다.

2014년 7월 31일 이 날은 서울의 한복판인 대학로 마로니에 공원에 복음광고가 걸리는 역사적인 날이 되었다. '0+1=100' 이라는 광고는 그것을 본 사람들에게 궁금증을 일으키는 새로운 문화선교가 되었다. 또한 이 광고가 사람들의 시선을 잡아 끌게 되자 기독교 TV와 신문들의 인터뷰가 줄을 이었다. 교회가 세상을 향해 다른 방식으로 말을 걸어야 하는 이 시대에 독특한 시각언어로 대중의 삶 속에 근본적인 질문을 던졌다는 평가였다.

그리고 3년 후인 2016년 7월에는 꿈에 그리던 미국 뉴욕 타임스퀘어와 백악관, 할리우드, 그랜드 캐니언 등에서 '0+1=100' 복음광고를 들고 퍼포먼스를 할 수 있도록 해 주셨다. '한 영혼이 온 천하보다 귀하다'고 말씀하신 주님께서 기뻐하셨음을 안다. 영원히 죽을 수밖에 없는 죄인인 우리의 영혼을 구원하시기 위해, 독생자 예수 그리스도를 십자가에서 죽기까지 참으신 하나님 아버지.

"비록 당신이 아무 가진 것이 없는 빈 손일지라도 예수님 한 분이면 충분합니다."

"Even if you have nothing in life, when you meet Jesus Christ, your life will be complete. 0+1=100"

생명을 살리는 일에 복음광고가 사용될 수만 있다면 여한이 없겠다. 무더운 여름 얼음냉수처럼 하나님의 마음을 시원케 해 드리길 원한다.

오메, 제주에 복음단풍 들것네

스페인의 산티아고 순례 길을 다녀 온 여행관련 책을 읽게 되었다. 큰 도전이 되었다. 페이스북에 "산티아고 순례를 가고 싶다."고 포스팅을 했다. 그걸 본 김해의 C전도사님께서 연락을 주시며 스페인에 앞서서 먼저 제주도의 올레길 비전 트립을 함께 하자고 제안하셨다.

그러나 스페인이든 제주도든 당시 마음이 그렇다는 뜻이지 실상은 전혀 갈 수 있는 형편이 아니었다. 그러나 소원도 성령님께서 주시는 음성이라고 믿고 초대에 순종하게 되었다. 제주의 국제교회로 전도용 부채 '0+1=100 & Jesus touches you' 1,000 개를 만들어 먼저 보내드렸다.

2015년 8월 15년 만에 제주 땅에 전도여행을 나섰다. 미자립교회 복음광고 전도 물품 후원 및 간증집회가 예정되어 있었다. 공항에 도착하니 제주국제교회 조해길 목사님께서 마중을 나와 주셨다. 짐을 풀자마자 스페인을 구경시켜주시겠다고 했다. 제주도에서 웬 스페인이냐고 했더니 스페인 산티아고 순례길을 다녀와서 올레길을 만든 곳이 있다는 것이다. 제주에 와서 스페인이라니 의미가 좋았다. 올레길을 가장 먼저 가보고 싶다고 하니 기꺼이 동행해주셨다.

전도용 부채를 100개 정도 들고 8코스 해변 길을 산책했다. 만나는 사람들에게 전도용 부채를 드렸는데 고맙게도 거부감 없이 다 받아주셨다. 어떤 분은 "부채 받으세요."를 '부처'로 들었는가 보다. 돌아오는 말이 "부처가 아니라, 예수님이네요."해서 한바탕 웃음꽃을 피웠다.

간증집회도 잘 마치고 곽지해수욕장에 가서 휴가를 온 분들에게 전도활동을 했다. 김해에서 오신 C전도사님과 3인의 천사들이 함께했다. 300여 장의 전도 부채를 나누고 복음인형극 '짱구의 마음'을 공연했다. 공연 전엔 해수욕장의 바람이 너무 세서 인형극을 할 수 있을까 염려했는데 마침 돌담으로 막힌 휴식공간이 있어 아이들 20~30명 정도와 복음 인형극을 함께 할 수 있었다.

'0+1=100' 전도 부채 300여 개를 전하고 나니 해수욕장은 온통 우리가 뿌린 전도부채로 빨갛게 불타오르는 듯 했다. 마치 해변에 빨간 단풍이 든 것처럼 복음 단풍으로 장관을 이루었다.

한 사람도 거부하지 않고 버리는 사람도 없어 아주 효과적인 전도 방법이 되었다.

제주의 페이스북 친구인 조수아교회 K전도사님도 수요일 간증 집회에 오셔서 함께 주님의 은혜를 나누었다. 그리고 다음 날은 조수아교회 김정길 목사님과의 복된 만남을 가졌다. 알고 보니 김 목사님께서는 시각디자인을 전공하신 대선배님이었다. 후배가 시각디자인으로 복음을 전하는 것을 보시고는 문화사역에 도움이 되는 격려의 말씀을 자상하게 해주셔서 큰 위로가 되었다. 눈살을 찌푸리게 하는 일부 기독문화를 개탄하시며 크리에이티브 미션센터 건립의 필요성에 동감을 표해주셨다. 또한 제주도에서 복음광고 전시회를 열 수 있도록 제주 성안미술관을 소개해주셨다.

오전 10시쯤 서울로 돌아가기 위해 제주공항으로 오는 중에 조수아교회 김목사님은 제주성안교회의 성안미술관 큐레이터를 만날 수 있도록 연결해 주셨다. 그 후 11월 성안미술관에 초청되어 한 달간 예수 복음광고 전시회를 추진했다. 목사님께서는 직접 추천의 글을 보내 주셨다.

"이번 11월부터 제주 성안미술관에서 복음광고 크리에이터 정기섭 대표의 전시회가 열립니다. 이런 후배가 있어서 정말 자랑스럽습니다. 그는 복음을 전하는 시각미술가입니다. 그의 광고에는 의미가 충만합니다. 지난달 제주에 있는 제 집에 방문했을 때, 제주도에서도 전시회를 할 수 있도록 제가 주선해주었습니다. 지금까지 보았던 어떤 전시회보다도 강력하고 의미가 넘치는 이번 전시회에 여러분을 초청합니다. 복음의 메시지를 전하는 데 그의 복음광고 작품이 많이 사용되기를 간절히 바랍니다."

주님께서는 기도하는 나의 작은 신음에도 응답을 주시고, 나의 작은 날갯짓에도 성령의 태풍을 보내주셨다.

나비효과

2015년 11월 제주도 성안미술관에서 복음광고 초대전이 열리고 있을 때였다.

페북을 통해 알게 된 뉴욕에 있는 페친 Mijin Lee 전도사님께서 복음광고 작품에 감동하셨다며 직접 전시회에 와보고 싶다는댓글을 보내왔다. 그래서 말씀드렸다.

"전도사님, 굳이 여기에까지 오실 필요는 없을 듯합니다. 아예 복음광고 전시회를 뉴욕에서 할 수 있도록 기도하고 있습니다. 오직 믿음으로 지금 전도사님을 뉴욕 복음광고 전시 준비위원장으로 미리 임명합니다. 파주에서 제주 한라까지의 복음광고 전시회를 마치면 주님께서 이제 열방 가운데로 나아갈 수 있도록 복음광고의 길을 열어주실 것입니다."

사실 나는 미국에는 한 번도 가본 적이 없거니와 페이스북 친구 외에는 실제로 미국에 거주하는 그 누구도 아는 사람이 없었다.

주님은 내게 꿈을 주시더니 딱 3년을 기다리게 하셨다. 바울을 도운 루디아처럼 내 이런 기도에 뉴욕에 계시는 L전도사님께서 관심을 보이셨다. 파트타임으로 한인방송에서 광고영업을 하시는 L전도사님은 또한 내게 워싱턴의 지인 중 전직 광고인을 만날 수 있게 주선해주셨다.

한편 뉴욕 현지에서 L전도사님과 P사무국장^(비영리법인 give chance)님은 포스터를 만들어 차량 스티커 캠페인을 하고 뉴욕 교협 목회자들께도 나누어 드렸다. 이 캠페인은 뉴욕 복음광고 전시회의 유치를 위해 홍보하는 취지도 들어있었다고 한다. 그러자 그 캠페인활동을 본 미국 한국일보신문사에서도 관심을 갖게 되었고, 차량캠페인을 기사화 해주기로 했다.

예수 부활 차량 스티커 붙이기 캠페인은 2015년 부활절기념으로 만든 작품이다. 뉴욕의 K대표님과 예수 광고쟁이가 손잡고 펼친 크리스천 문화운동이었다.

2016년 새해에는 뉴욕에 복음광고 부스가 설치되었다. 뉴욕교회협의회에 소속된 500여 분의 목회자님들과 성도님들이 신년 하례식에 참석을 하기 때문이다. 이 자리에서 L전도사님은 자원봉사 청년들과 함께 예수 부활 차량용 스티커 캠페인과 복음광고 전시회의 뉴욕 유치를 위해 홍보하고 헌신해주셨다.

2016년 7월 마침내 뉴욕에서의 첫 복음광고 초청전시회가 열리게 되었다. 뉴욕의 프라미스 교회에서 개최되는 3일간의 할렐루야대회(2016. 7. 15~7. 17. 주일)에 주요 행사로 치러진 것이다.

"Jesus touches you"

운전을 하다 보면 혼자일 때와 동석자가 있을 때의 운전 습관이 다를 수 있다. 아무래도 누군가가 옆에 있으면 말과 행동에 더 조심을 하게 되지만, 혼자 운전을 하게 되면 평소 자신의 행동습관이 고스란히 나오기 때문이다. 그래서 우리는 곧잘 고백을 한다.

'만약 주님께서 옆자리에 같이 타신다면 내 운전 습관이 좀 변화되겠지요?'

그리스도인들이 스스로 변하지 않고 타인을 향해서 변하라고 말할 수 있을까? 복음광고는 그래서 필요하다. 크리스천 운전자의 운전습관을 바꾸고, 부활의 예수님을 전하는 게 복음광고 차량 스티커 캠페인이다.

"예수 부활의 못 자국난 손 그리고 당신?"

차량 스티커 캠페인 광고는 움직이는 복음광고다. 예수님께서 당부하신 지상명령을 가장 효과적으로 전할 수 있는 창의적인 방법이다. 적어도 차량 스티커를 붙이고 운전하는 사람은 함부로 말하거나 함부로 행동하지 않을 것이다. 스티커 하나로 생활습관을 바꾸는 '예수님과 동행하는 광고판'이 바로 차량 스티커 복음광고다.

광고의 내용은 아주 짧다. 그래서 처음엔 무슨 의미일까 이해하지 못할 수 있다. 그것은 곧 궁금증으로 연결되고, 해석해 줄 사람이 옆에 없다고 해도 계속 묵상하다 보면 복음광고의 깊이와 넓이에 놀라게 된다.

Jesus loves you.

Jesus touches you.

Jesus saved you.

Jesus died for you.

Jesus high-five you.

Jesus resurrection you.

Jesus stop you.

사랑과 희생으로 읽을 땐 옷깃을 여미게 하고, 주님과 매일 high-five로 기쁨과 감사를 나누게 한다. Stop sign으로 읽을 땐, 잠시 하던 일을 멈추고 나의 믿음이 주님 앞에서 바로 서있는지를 살피게 한다.

우리를 위해 십자가에서 죽으시고 부활하신 예수님의 못 자국 난 손을 보면 가슴 먹먹해지면서 나는 지금 어디로 가고 있는지 자문하게 된다. 이 영감 어린 복음광고 캠페인이 전 세계로 퍼져 나가고 있으니 참으로 감사하고 기쁘기 그지없다.

최근 기도원에 가신 한 지인으로부터 반가운 소식을 전해 들었다. 사랑하고 존경하는 박보영 목사님께서 설교 중에 이런 말씀을 하셨다 한다.

"모든 교회와 단체, 성도님들이 예수님의 부활하신 못 자국 난 손 Jesus touches you 스티커를 차량에 다 붙이고 다녔으면 좋겠습니다."

그렇게 말씀하신 이유를 박 목사님은 당신의 간증을 통해 들려주셨다고 한다. 어느 날 목사님은 Jesus touches you 스티커가 붙여있는 차량을 운전하고 가던 중 톨게이트에서 돌진하는 뒷 차량으로 인해 사고를 당하셨다고 한다. 가해 운전자는 시댁 제사에 참석하기 위해 어린 아기를 차에 태우고 주행 중이던 젊은 여인이었다.

그녀는 하얘진 얼굴로 차에서 나와 연신 목사님께 사과를 했다. 아이의 우유병이 차 바닥에 떨어져 그걸 집으려다 실수로 브레이크 대신 엑셀을 세게 밟았다. 그 바람에 목사님의 차량으로 돌진했고, 차가 파손된 것이다. 목사님은 차에서 내려 놀란 운전자에게 먼저 다가갔다.

"어디 다치지 않았어요? 아이는 괜찮은가요?"

목사님은 자상하고 부드러운 목소리로 그녀를 진정시켰다. 다행히 아이도 아이 엄마도 다치지는 않았다고 한다. 그런데 차량보험에 들지 않은 아이엄마는 잔뜩 웅크린 채 목사님께 거듭 '죄송해요' 라고 말했다. 목사님은 괜찮다면서 '어서 가보라' 고 했다. 연신 감사하다고 머리 숙여 인사하는 아이 엄마에게 목사님은 "그렇다면, 딱 10분만 시간을 내줄 수 있으신가요?"라고 물었다.

목사님은 사고 차를 안전한 갓길로 주차한 뒤 그 짧은 시간에 부활의 예수님을 증거하셨다. 젊은 엄마는 한사코 거절하는 목사님의 전화번호를 받은 후 서로 헤어졌다.

일주일 뒤 그녀로부터 전화가 왔다. 그리고 이렇게 인사한 뒤 그녀는 전화를 끊었다고 한다.

"선생님께서 믿는 하나님이라면 저도 믿어보려고요. 일요일에 스스로 교회를 나갔고 앞으로 신앙생활 잘 해보겠습니다."

이 간증과 함께 크리스천이라고 하면서 교통사고가 나면 바로 뒷목을 붙잡고 합의를 요구하고 거짓으로 입원하는 그런 일은 하지 말자고 하셨다. 이 Jesus touches you 스티커를 차량마다 다 붙이고 다니면서 서로가 예수님 믿는 자임을 알리고, 만약 어떤 사고가 나더라도 그리스도인답게 처신하자는 말씀을 하셨다고 한다.

백 마디 전도의 말보다 목사님의 이 한 번의 행함에서 우리는 진한 예수 그리스도의 향기를 맡는다. 또한 삶으로 보여주는 전도야말로 열매로 이어질 것이다.

사람들은 모름지기 무엇을 보느냐에 따라 생각이 달라지고 그 생각으로 꽉 차게 된다. 음란한 것을 보면 음란한 생각이 들어오고, 예수님을 바라보면 간절함으로 기도하게 된다. 신앙인들은 기도의 중요성을 누구보다 잘 안다. 하지만 시시때때마다 교회에 나가서 기도하기란 쉽지 않다. 또 분주하게 돌아가는 세상에 맞추다 보면, 기도할 시간이 없다고 호소하기 일쑤다. 이래저래 기도하기 어려운 시대다. 그래서 운전하는 그 시간 동안만이라도 예수님과 나만의 시간을 갖기 바라는 마음에서 차량 스티커 캠페인을 하게 되었다.

그러나 문제점이 두 가지 있었다. 그동안의 차량용 스티커는 차량 바깥에 부착하기 때문에, 정작 운전자의 눈에는 잘 보이지 않았다. 또 하나 차량 외부에 복음의 메시지를 붙이고 다니다 보니 모범 운전을 해야 한다는 부담감이 생겨 내심 스티커 부착을 불편

해하는 사람들도 있었다.

그래서 자동차 핸들에 붙이는 방법을 생각하게 되었다. 그랬더니 차량용 스티커 캠페인이 차 외관에 붙어 있어서 다소 부담스러워하던 성도들까지 열렬히 환호했다. 운전을 하며 스스로를 다잡는 것에 더 의미가 있다고 생각한 것이다. 그래서 차량 운전대 중앙에 붙이는 스티커는 '차 안을 나만의 골방기도실로!' 라는 슬로건을 만들어 캠페인과 접목하게 되었다.

또 아무리 마이 카 시대라고는 하지만, 여전히 자가 운전을 하지 않는 분들도 많다. 그래서 이번엔 스마트폰에 붙일 수 있는 전자파 차단 스티커를 개발했다. 그랬더니 성도들은 물론 건강에 관심이 있는 분들에게도 폭발적인 인기를 얻어 전도용으로는 이만한 게 없을 정도였다.

'Jesus touches you' 와 '0+1=100' 광고를 넣은 열쇠고리도

함께 개발했더니 전도의 좋은 선물이 되고 있다.

꼭 기억해야 할 게 있다. 차든 핸드폰이든 복음광고 부활절 스티커는 결코 아무나 붙일 수 없다는 것이다.

왜? 붙이는 순간 24시간 주님과 동행하기 때문이다. 신호위반을 할 수도 없고, 과속운전은 당연히 안 되며, 난폭운전은 그야말로 예수님을 대놓고 욕 먹이는 일이기 때문이다. 내 행동 하나로 주님의 영광을 가릴 수 있고 높일 수도 있기에 복음광고 스티커 캠페인의 확산은 더더욱 중요하다.

더 많은 사람들이 붙이면 결단하게 되고 계속 많은 사람들이 붙이고 다니면 세상이 관심을 갖게 되고 복음을 전하는 접촉점이 되기 때문이다.

어쨌든 'Jesus touches you' 스티커가 붙어있는 차량을 운전하고 다니자는 복음광고 차량스티커 캠페인이 향후 크리스천 운전문화를 바꾸고, 안전운행과 함께 전 세계 복음 캠페인으로 확산되길 기도한다.

너희는 온 천하에 다니며 만민에게 복음을 전파하라(마가복음16:15)

'0+1=100' 찬양곡

복음의 꽃이 활짝 피었다. 하나님은 각 분야에 있는 믿음의 동역자들을 미리 예비해놓으셨다. 주님은 17년간의 골방기도를 통해 복음광고의 외길을 걸어올 수 있도록 인도하셨다. 페이스북을 통해 많은 동역자분들과 연합하고 협력해서 선을 이루게 해주셨다. 특히 피아니스트 김선이아님께서 '0+1=100' 이라는 찬양을 완성해서 보내왔다.

찬양곡 악보를 직접 그려 보내주셨는데 그 정성에 감동했다. 직접 찬양도 불러 주시고 음원으로 만들어주셨다. 거기엔 이렇게 쓰여 있었다.

'주님 한 분이면 충분하다는 예수복음광고 정 대표님의 간증을 담은 곡입니다. 저의 실력은 턱없이 부족하지만, 축복의 통로로 써주심에 감사드리며 주님께 올려드립니다. 주님께 영광을….'

'0+1=100' 복음광고가 찬양곡으로 만들어져서 무척 가슴이 뛴다. 찬양이 곡조 있는 기도가 되길 바라고, 하나님께서 기뻐 받으시는 찬양이 되길 소망한다.

2016년 6월 첫 미국 방문은 아주사 L.A세계선교대회로 초대되어 복음광고 전시회로 참석 했을 때다. 미주복음방송 '새롭게 하소서' 에 초대되어 복음광고 스토리를 간증할 때, 듣고 싶은 찬양곡이 무엇인지 사회자가 나에게 물었다. 그래서 복음광고 찬양이 있다고 신청하게 되었다.

미국 전역에 방송으로 '0+1=100' 찬양이 울려 퍼졌다. 주님께 찬양의 영광을 올려 드릴 수 있었다.

다음은 김선이아 피아니스트가 복음광고 찬양 제작에 동참하는 과정에서 하나님의 사랑과 신앙의 회복을 고백한 내용이다.

0+1=100

정기섭 작사
김선이아 작곡

아 무 것 도 - 없는 나 에게 - 예 수 님 한 분 - 이 면
Ev-en if I - ha-ve nothing in lfe - when I meet Je-sus - my life

충 분 하 네 - 내 가 모 든 것 을 가 졌 다 해 도 예 수 님
will be com-plete - Ev-en if I had all the world-ly thing - If you are

한 분 없 으 면 아 무 것 도 아 닙 - 니 다 - 영 더 하 기 - 일 은
not - by my side I'm - noth-ing noth-ing - at all - Ze-ro plus one - e-quals

백 이 - 되 고 백 에 - 서 일 을 빼 - 면 영 이 되 는 예 수 - 님 은
one - hun dred one hun - dred sub - tracs - one e-quals ze - ro He is - my Lord

내 - 삶 에 시 작 - 과 끝 이 되 - 는 나 의 주 님 영 더
of - my life Je - sus - is al-pha and - o - me-ga to me Ze-ro

하 기 - 일 은 백 이 - 되 고 백 에 - 서 일 을 빼 - 면 영 이 되 는
plus one - e-quals one - hun dred one hun - dred sub - tracs - one e-quals ze - ro

예 수 - 님 은 내 - 삶 에 시 작 - 과 끝 이 되 - 는 나 의 주 님
He is - my Lord of - my life Je - sus - is al-pha and - o - me-ga to me

그 분 한 분 이 면 나 는 충 분 하 네 내
He is on - ly one can ful - fil - my life life

예 수 - 예 - 수 - 예 수 - 예 - 수 - 예 수
Je - sus - Je - sus - Je - sus - Je - sus - Je - sus

'Jesus touches you' 로 만난 예수님

글/김선이아

2015년 여름은 개인적으로 딱 광야에 서있었다. 주위엔 아무도 없었고, 한낮에는 더운 바람과 햇빛이, 한밤에는 추위와 두려움이 몰려왔기 때문이다. 모든 것이 무너져버리고 철저히 광야에 놓여 있었다. 가도 가도 끝없는 터널 속에 갇혀, 울부짖는 기도와 몸부림 속에서 어찌할 바를 모르고 있었을 때였다.

하나님이 내게 보내주신 천사요, 한 잔의 시원한 물이요, 주린 배를 채울 양식은 바로 '복음광고'였다. 평소에 SNS를 즐겨 하지도 않던 나에게 주님께서는 어느 SNS를 통해 복음광고를 만나게 하셨다.

그 날은 왜 그랬는지 쓰지도 않던 계정에 로그인을 했다. 페이지를 넘기고 있는데, 친구 맺기도 하지 않은 복음광고 작품이 화면에 떴다. 그 작품엔 'Jesus touches you'라는 문구가 적혀 있었다. 예수님의 못 자국 난 손을 보는 순간, 십자가의 사랑이 내 온 몸을 감쌌다. 심장이 무너져 내리면서 하염없이 눈물만 쏟아졌다. 그 날의 그 감동을 지금도 잊지 못한다. 예수님이 겪으셨을 인간적인 고통과 상처가 고스란히 느껴졌고, 죽기까지 우리를 사랑하신 그 분의 놀라운 사랑이 내 온몸과 마음을 덮어버렸다.

곧바로 'Jesus touches you' 스티커를 구했고, 자동차 운전대에 붙이고는 날마다 십자가의 사랑에 눈물로 지냈다. 예수님의 못 자국 난 부활의 손이 때로는 사랑으로 때로는 위로하심으로 다가왔다.

그리고 그 해 추석, 정기섭 대표님께서 명절을 지내기 위해 고향 광주로 오신다고 하셔서 잠시 만나 간증을 듣게 되었다. 내 삶과는 너무도 다른 삶을 살고 계신 분이었다. 오직 예수님만 전하는 삶으로의 거듭남과 성령님의 인도하심 속에서 지내오신 시간들이 내게는 충격이었고 감동이었다.

나는 모태신앙인이다. 그것도 3대째 신앙이다. 내게 있어서 복음은 너무나 잘 알고 있는 이야기였고, 하나님은 내가 어려운 일을 만나거나 힘들 때 기도로 불평과 원망을 늘어놓는 대상일 뿐이었다. 교회는 그냥 습관처럼 가야 하는 곳이었고, 심지어는 그것조차도 희미해져서 한 때는 교회까지 떠나 있던 시기도 있었다. 너무도 당연하고 익숙한 이야기가 되어버린 예수님의 십자가 사건이 '지저스 터치스 유' 작품을 통해 내게 실제적 사건으로 눈앞에 펼쳐졌고, 엄청난 사랑으로 폭발해 버렸다.

주님께서는 철저한 광야의 시기에 복음광고를 통해 나를 인격적으로 만나 주셨고, 진정한 복음을 듣게 하신 것이다. 놀라운 하나님의 타이밍과 주님의 작전이었다. 할렐루야~

그 후 주님은 복음광고를 위한 중보기도를 하게 하시고, 작품들 하나하나를 보여주시며 영상으로 편집을 하게 하셨다. 추석 연휴를 지내고 다시 사역지로 올라가시는 대표님께, 간증에 대한 감사의 표시로 영상을 보내드렸다. 얼마나 기뻐하시는지, 주님께서 복음광고 사역과 대표님을 얼마나 사랑하시는지 알 수 있었다. 그렇게 주님은 내게 복음광고에 대한 마음을 계속 부어 주셨다.

얼마 후 정기섭 대표님께서 내게 찬양곡 하나를 보내주셨다. 대표님의 간증이 담긴 찬양곡이라며 편곡을 부탁하셨다. 나는 피아노를 전공한 피아니스트이다. 가끔은 곡을 쓰기도 한다. 그런데 이미 다른 분이 만든 곡을 편곡하는 건 아직 내게는 없는 달란트다. 그래서 그 곡은 대표님께 다시 돌려드리고, 피아노 앞에 앉아 같은 가사에 나만의 다른 곡을 쓰기 시작했다.

주님의 감동이 내게 임해 멜로디를 주셨고, 몇 시간 만에 곡이 완성되었다. 그 때가 2015년 10월이었다. 혼자서 그 찬양을 부르는데 기도가 터져 나왔다. "주님! 이 노랫말이 내 삶의 고백이 되게 해 주세요"

그 곡이 복음광고 주제곡이 된 '0+1=100'이란 찬양곡이다. '비록 내가 아무 것도 가진 게 없을지라도 예수님 한 분이면 충분합니다.'라는 믿음의 고백이 담긴 찬양이다.

찬양곡을 완성하고 대표님께 보내드렸더니, 정말 기뻐하셨다. 우리 주님은 대표님을 너무 사랑하시는구나, 또 한 번 복음광고에 대한 주님의 깊은 사랑을 느끼며 찬양곡 미디작업에 들어갔다. 평소에 친분이 있었던 호남신학대학교 실용음악과 미디작곡 교수님이신 이성환 교수님께서 2016년 새해 성북동 갤러리처치에서 열린 복음광고 전시회를 보시고는 흔쾌히 협력해 주셨다.

그런데 놀랍게도 미디작업 또한 마찬가지로 한 시간 반 만에 끝나버렸다. 한 마디로 일필휘지로 끝난 것이다. 그렇게 반주 MR을 만들고 찬양녹음만 남겨두고 있는데, 역사는 또 일어났다. 주님께서는 대표님의 뜨거운 기도를 들으셨나 보다. 대표님이 곧 터키로 떠난다는 말이 생각났다.

찬양녹음을 빨리 해서 이왕이면 대표님이 터키에 가실 때 드려야겠다는 감동이 왔다. 영어가사로 녹음을 해서 떠나시는 날 아침에 녹음파일을 드릴 수 있었다. 그리고 바로 이어진 미국 순회 복음광고 사역에도 찬양곡이 쓰임을 받게 되었다. 참 감사하다. 이렇게 자격 없는 자가 주님이 기뻐하시는 복음광고 사역에 한 조각 퍼즐의 역할이라도 할 수 있게 허락하신 주님! 그 분의 놀라운 사랑에 감사드린다.

미국 사역에서 돌아오신 대표님께서 우리말 가사 찬양이 없어서 아쉬웠다고 하셨다. 그런데 우리말 찬양 녹음은 바로 이루어지지 못했다.

그렇게 2년이 지난 2017년 9월. 대표님께서 성령님의 감동으로 316 영혼구원 기도캠페인을 시작하셨다. 성경을 압축하고 압축하면 요한복음 3장 16절 말씀이니, 오후 3시 16분에 모든 크리스천들이 한마음으로 믿지 않는 영혼들을 위해 기도하자는 기도캠페인이었다.

9월 1일부터 함께 기도하기 시작했다. 하루 중에서 가장 바쁜 시간이었지만 알람을 맞추고 기도를 시작했다. 기도를 시작한 그 주, 주일예배 중에 주님께서 우리의 316 기도를 얼마나 기뻐 받으시는지, 머리끝부터 발끝까지 주님의 기쁨이 전해졌다.

그렇게 주일을 보내고 난 다음 주 화요일, 목포에 강의가 있어 다녀오는 길이었다. 운전 중에 문득 '캠페인이면 캠페인송이 있어야지?'라는 감동이 왔다. 운전하면서 떠오르는 가사와 멜로디를 스마트폰으로 녹음을 했다. 작업실에 도착하자마자 악보에 멜로디를 적고 녹음을 해서 대표님께 보내드렸다. 곡을 들으신 대표님이 뛰듯 좋아하시면서 노래에서 아이들 소리가 들린다고 하신다.

'아이들? 그래! 아이들 목소리로 녹음하자!'

곧 교회 주일학교 아이들에게 노래를 지도하시는 선생님과 부모님들께 곧바로 협조문을 만들고 악보를 드렸다. 우리 아이들이 일주일 만에 연습을 다 해왔다. 찬양 반주팀에도 협력을 부탁했더니, 바로 오케이! 2주 만에 녹음이 끝났다. 캠페인송 녹음에 선한 마음으로 협력해주신 권효진 선생님과 포도원교회 글로리드럼팀, 그리고 레비밴드팀에게 감사의 마음을 전하고 싶다. 주님의 일은 이렇게 이루어지는 거구나 싶었다. 또 하나의 주님의 역사가 이루어지는 것을 직접 경험하게 된 기쁜 시간이었다. 그리고 그 캠페인송이 누군가의 스마트폰 알람소리로 저장되어 지금도 316 영혼구원을 위해 울리고 있을 것을 생각하면, 너무도 짜릿하다. 주님의 멋진 작품에 동참하게 해주셔서 주님께 감사와 영광을 올려드린다.

그렇게 2017년을 보내는데 주님은 마음속에 한 가지 끝내지 못한 숙제를 떠올리게 하셨다. 복음광고 주제곡의 우리말 찬양녹음이다. 영어찬양 녹음 후 2년이란 시간이 흘렀다. 그 2년이란 시간은 주님께 엎드리는 시간이었고, 주님께 내 의와 내 뜻을 내어드리는 시간이었다. 2년이 지난 2017년 12월, 드디어 우리말 찬양녹음을 끝냈다.

이번 찬양은 기도로 준비하신 소프라노 김은혜 선생님께서 녹음해주셨다. 녹음 전 김은혜 선생님을 만나 곡에 대한 이야기를 나누는데, 김은혜 선생님은 그동안 자신의 목소리가 담긴 찬양곡을 녹음하게 해달라는 기도를 계속하고 있었다고 한다. 그런데 그때 내게서 연락이 와 기도의 응답임이 느껴져 무척 기뻤다고 했다. 또 한 번 하나님의 섭리를 느낄 수 있었다.

"주님께서 하셨습니다!"

이렇게 우리말 찬양녹음은 김은혜 선생님의 목소리로 은혜롭게 마칠 수 있었다.

그런데 이게 끝이 아니었다. 대표님께서 마음속에 품고 계셨던 간절한 기도가 이루어진 것이다. 바로 고향에서의 복음광고 전시회와 집회를 기도하셨는데, 주님께서는 주님의 방법으로 이곳 빛고을 광주에서 집회를 열게 해주셨다. 그것도 내가 출석하고 있는 포도원교회 갤러리에서 말이다. 2018년 1월 21일 오픈식과 함께 주일 저녁 간증집회를 시작으로 부활주일까지 약 3개월간 복음광고전시회가 열렸다.

복음광고 사역 17년 만에 고향에서의 첫 전시회이다. 얼마나 감사하고 감사한지 모른다. 주님께서는 그동안의 수고를 아시고 선물꾸러미를 한꺼번에 풀어놓아 주셨다. 주님은 주님의 때에 우리의 열심과 열정이 아닌 주님의 방법으로 주님의 일을 반드시 이루신다는 것을 또 한 번 가르쳐주셨다.

복음광고 사역은 주님 나라가 임할 때까지 계속될 것임을 믿는다. 주님이 기뻐하시는 일이기 때문이다. 그 사역 가운데 이 자격 없는 자에게 퍼즐 한 조각의 역할이라도 허락해주심을 감사하며, 중보자로 동역자로 끈을 놓지 않는 은혜의 자리에 남고 싶다.

아프리카로의 순종

아무것도 보이는 것도 없고 잡히는 것이 없지만, 먼저 하나님께 순종하기로 마음먹고 행하면 성경에 나오는 기적과 같은 역사가 일어난다.

2017년 새해에 아프리카 탄자니아로 초청을 받았다. 6월 중순쯤 아프리카선교사대회에 복음광고 전시회와 문화사역에 대한 특강을 해달라는 것이다. 얼마나 감사한지 흔쾌히 가겠다고 약속했다.

하지만 문제는 또 경비였다. 모두 자비량으로 가야 하는 것을 알았을 땐 또다시 제로에서 준비해야 하는 과정이 무겁게 느껴졌다. 자비량 선교가 한두 번은 아니다. 그때마다 놀라운 방법으로 사람을 붙여주시고 필요를 채워주시며 크나큰 위로로 힘을 주신 것을 잘 안다. 그러나 단 한 번도 수월히 준비되지 못하고 매번 제로에서 시작해야 하는 현실에 가슴이 아팠다. 잠시 믿음이 떨어지는 것이 느껴졌다. 버겁고 힘들어 이번엔 도저히 갈 수 없겠다고 반 포기하고 있었다.

그러던 중, 2016년에 터키 복음광고전시회로 나를 초대해 준 터키선교사를 그때쯤 만나 교제를 하게 되었다. 내 어려움도 나누고 중보기도를 부탁하던 중이었다. 거기서 들려주시는 말씀 중에 나는 큰 도전을 받았다.

'하나님께서 오대양 육대주로 이렇게 복음광고 문화사역의 지경을 넓혀주시는데 왜 내 생각으로 제한을 하는가?'

순식간에 성령께서 불같은 마음의 열정을 다시 회복시켜 주셨다. 다시 아프리카를 품고 순종하기로 결단하고 주님께 기도하기 시작했다.

"주님, 그럼 비행기 날개라도 붙잡고 가겠습니다."

힘 있게 선포한 후 동역자들에게 중보기도를 요청하고, 나는 골방기도로 나아갔다.

일주일이 지났을까. 베트남에서, 미국 캘리포니아에서, 니카라과, 심지어 아프리카 우간다에서까지 도움의 손길이 와 닿았다. 모두 가난한 선교사님들이었는데 이 모양 저 모양 십시일반으로 드디어 아프리카로 갈 수 있는 비행기 비용이 마련되었다. 그날은 하루 종일 내 눈가가 주님의 은혜와 감사로 촉촉해졌다.

또한 아프리카 선교지에 빈손으로 보내지 않으시려고 복음광고로 만든 '0+1=100 & 100-1=0' 전도용품(A4 비닐홀더 2,000부)까지 만들어 갈 수 있도록 인도해 주시니, 더욱 감개무량했다.

탄자니아 다르에스살렘^(DAR) 선교사대회에서 복음광고 전시회와 강사로 섬긴 후, 예정대로 일주일 만에 귀국해야만 했다. 하지만 얼마나 어렵게 온 아프리카인가. 여러 귀한 손길들이 모아져서 온 이곳 먼 땅에서 너무 금방 돌아가는 게 어쩐지 숙제를 다 못한 것 같은 마음이 들었다. 다시 기도했다.

"주님, 어디든지 보내 주시면 저는 아프리카 어디라도 좋으니 가겠습니다. 선교사대회 마치면 저를 초대해 주는 분이 있게 해 주세요."

그런데 1시간의 강의를 마치니 김정호 선교사님과의 만남이 준비되어 있었다. 김 선교사님의 큰아들이 부산대학교에서 시각디자인을 전공하는데 내 복음광고 사역을 보고 아들의 비전을 보게 하셨다며 감격해 하셨다. 그리도 나를 당신의 사역지로 초대하고 싶다고 했다. 그렇게 잔지바르섬으로 초대되어 보름 동안 복음광고 문화사역을 펼쳤다. 그곳에서도 여호와 이레의 하나님께서 함께해 주셨다.

동아프리카의 인도양에 있는 잔지바르 섬은 세계적으로 아름다운 휴양지로 우리나라로 말하면 제주도와 같은 섬이었다. 잔지바르 섬에서 미국 뉴욕의 P한인교회에서 주최한 할렐루야 축구팀과 탄자니아 대표팀과의 두 번의 친선축구경기를 갖기로 되어 있었다. 축구를 통한 문화선교로 복음을 전하려는 계획이었다.

미국에서는 10만 장의 전도지를 만들어 가져왔다. 하지만 축구 경기가 시작하는 날 갑자기 모든 선교활동을 중지한다는 미국 P 한인교회 주최 측의 지시가 떨어졌다. 그곳은 무슬림이 95%인 땅이었다. 모든 것이 무산되는가 싶어 안타까웠는데 궁금증을 일으키는 글과 시각 이미지로만 되어 있는 복음광고는 이때를 위함으로 하나님께서 예비 해 놓고 계셨다. 간결한 복음의 메시지로 태권도 시범단을 사용하셔서 강력한 복음을 전하게 하신 것이다.

'0+1=100 & 100-1=0' 티저 광고를 이용했다. 그 광고를 김정호 선교사님이 사역하는 150여 명의 현지 아이들로 구성된 태권도시범단의 머리띠로 만들었다. 머리에 두르는 띠는 걸림이 되지 않았다. 게다가 탄자니아 TV로도 생방송 되는 축구경기가 진행될 때, 경기 시작 전과 중간의 하프 타임을 이용해 태권도 시범과 함께 복음광고 현수막을 입장 시킬 수 있었다. 축구경기 시작전에 FIFA 국기를 등장시키는 것처럼 '0+1=100' 복음광고를 경기장 중앙에 등장시킴으로써 충분한 이벤트 효과를 거두었다.

축구에서의 패스는 내 마음을 상대방에게 전하는 것이다.

이처럼 복음광고는 단번에 1만5천 명 관중들의 시선을 사로잡았다. 나는 관중석 VIP 관람석에 앉아 있었는데 국무총리급의 인사가 수행비서에게 도대체 '0+1=100' 이 무슨 뜻이냐고 물었다. 경기가 끝난 뒤, 그 VIP 인사는 김정호 선교사에게서 뒤늦게 복음의 메시지를 들었다. 그는 크게 웃으며 흥미롭고 재밌게 만들었다며 엄지를 추켜세웠다. 삼 일 뒤에 한 번의 경기가 더 있었다. 이때에도 똑같은 방법으로 태권도 시범단은 복음광고 두건을 머리에 두르고 공연을 했고, 공연이 끝난 뒤엔 '0+1=100' 복음광고 현수막을 입장시켰다.

그 후 나는 유치원부터 초등학교, 중고등학교, 무슬림학교까지 방문할 수 있었다. 복음광고 작품들을 프레젠테이션 영상으로 보여주며 복음을 전했더니 그들은 아주 쉽고 재밌게 받아들였다. 그들도 복음의 진리를 알아보는 것 같아 주님께 감사했다.

'0+1=100 & 100-1=0' 전도용 비닐 홀더를 학생들에게 선물로 나누어 주었는데 심지어 무슬림학교 교장선생님까지 복음광고의 창의적 아이디어에 크게 놀라며 기뻐했다. 여호와 이레의 하나님께서 동아프리카 탄자니아의 땅과 잔지바르 섬에도 복음광고를 사용하신 것이다.

사무엘이 이르되 여호와께서 번제와 다른 제사를 그의 목소리를 청종하는 것을 좋아하심 같이 좋아하시겠나이까 순종이 제사보다 낫고 듣는 것이 수양의 기름보다 나으니 (사무엘상 15:22)

아프리카 잔지바르 축구대회 태권도 시범에서 이 다섯 살 소녀가 관중들로부터 가장 사랑을 받음.

5

하나님의 수학공식

316 영혼구원 캠페인

어머님께서 나를 낳으실 때 태몽을 꾸셨는데 당신이 자전거를 타고 찬송을 부르시면서 자전거 벨을 따르릉 따르릉 울리며 교회 안으로 들어가셨다고 한다.

처음 그 얘기를 들었을 땐, 자동차도 아니고 왜 자전거일까 싶었다. 그러나 생각해보니, 내가 지금 하고 있는 복음광고 문화사역은 자동차하고는 맞지 않다. 자전거여야 한다. 자전거처럼 페달을 발로 굴리며 온 몸으로 노력할 때, 아무런 외부 물질이 없어도 목적지까지 달려갈 수 있는 것이다. 말씀과 기도의 두 페달을 열심히 발로 굴리듯 예수님과 동행하며 SNS를 통해 나아가는 것이 316 영혼구원 캠페인의 정신인 것이다.

광고인 출신 이재무 크리에이터를 내가 처음 알게 된 것은 2016년 워싱턴의 동역자인 S대표님의 소개에 의해서였다. 그는 회심한 후 7년만인 2017년 8월 페이스북에서 감동적인 복음광고를 보았다고 했다.

그 복음광고 발표작 중에 '생명구원 316' 소방차 편을 볼 때,

성령께서 강하게 마음을 만져주셨다고 한다. 복음에 빚진 자로서 복음을 위해 뭐라도 해야겠다고 생각하던 차에 '316 영혼구원 캠페인' 기획에 함께 동참하기로 했다. 또한 그는 "이제 세상 광고는 하지 않고, 오직 복음광고만 하겠습니다."라고 했다. 나는 복음광고 문화사역에 천군만마를 얻은 것처럼 기뻤다.

매일 한 작품씩 기도하며 복음광고 '316 캠페인' 작품을 만들어 함께 페이스북 '316 영혼구원 캠페인'을 발표하게 되었다. 이 기도운동이 전 지구촌으로, 세계의 크리스천에게로 널리 퍼져나갔다. 온 세상 크리스천들이 매일 오후 3시 16분을 하나님의 시간으로 정하고, 짧게라도 영혼구원을 위해 합심하여 기도하는 비전을 품었다.

'316 영혼구원 캠페인'은 복음의 핵심 중 핵심인 요한복음 3장 16절을 담았다.

> "하나님이 세상을 이처럼 사랑하사 독생자를 주셨으니 이는 그를 믿는 자
> 마다 멸망하지 않고 영생을 얻게 하려 하심이라"

하나님께서는 각 시대마다 한 사람을 주목하여 바라보셨다. 믿음의 조상 아브라함, 이스라엘 백성 200만 명을 출애굽 시킨 모세, 하나님의 마음에 합한 사람 다윗, 땅 끝까지 복음을 전하기 위해 쓰임 받은 바울, 타락한 가톨릭에 95개의 반박문으로 비수를 꽂은 종교개혁자 루터…, 지금 이 시대에도 다르지 않다. 하나님께서 주목하시는 한 사람이면 충분하다.

0+(당신 한 분이면)=100

0+(당신 한 분이면)=153

0+(당신 한 분이면)=316

예수님의 재림을 기다리며 이 믿음의 동역자들과 동일한 사명으로 첫 발을 뗀 '316 영혼구원 캠페인'은 매일 정해진 시간(PM 3:16)에 우리 크리스천들이 합심하여 전 세계인의 영혼구원을 위해 전심으로 기도하자는 취지에서 시작됐다. 100일 동안 이재무 크리에이터, 김선이아 피아니스트, 서민경 작가 등 기도의 동역자들과 함께 했고, 하나님 나라의 영혼구원 기도운동을 전개하고 있다. 또한 이 캠페인의 저변확대를 바라는 마음을 담아 우리는 316 로고송까지 만들어 하나님께 올려드렸다.

"가을전어처럼 가을의 기도 냄새는 집나간 영혼도 돌아오게 만든다."

동부금당교회(순천)와 온누리교회(천안), 별빛교회(밀양), 양평교회(상주) 등은 가을 전어 내용을 배너 광고로 만들어주셨고, '316 로고송'을 만든 광주 포도원교회 등 많은 교회에서도 316 영혼구원 캠페인에 동참해 주셨다. 심지어 아프리카 모리타니아 우리교회와 탄자니아의 '마사이족'의 K선교사가 이 캠페인에 동참하고 있으며, 미국 · 호주 · 뉴질랜드 등에 이르기까지 이 316 기도운동이 퍼져나가고 있다.

처음엔 안타까운 것이 하나 있었다. 복음광고로 제작해서 배포할 수 있는 이미지와 메시지가 한국버전뿐이라는 것이다. 그러나 나중에 다시 생각하니 바울도 로마서를 수십 개의 언어로 쓰지는 않았을 것이라는 데 생각이 미쳤다. 그래도 기회가 있다면 한국어 외의 버전이 나왔으면 좋겠다. 복음광고에 감동이 된 어떤 분이라도 수고와 도움이 있었으면 하는 바람이다.

서울에서 가장 하늘이 낮은 동네

유치원교사라는 한 자매에게서 이메일이 왔다. 필리핀으로 단기선교를 가게 되었는데 복음광고를 활용한 전도지를 만들고 싶다는 내용이었다.

"안녕하세요. 전 서울의 마지막 달동네라고 불리는, 노원구 중계본동 104마을에 있는 '중계장로교회'를 섬기고 있는 청년입니다. 주님의 은혜로 저희 교회 청년들이 2016년 1월 24~30일까지 필리핀 단기선교를 가게 되었는데요! 전도지 디자인을 생각하던 중, 복음광고 대표님의 '100-1=0 & 0+1=100'을 보고 은혜를 받아 연락을 드렸습니다.
신앙생활을 한다지만 잊어버릴 때가 너무 많은 예수님, 복음광고를 보며 우리의 생명 되시는 예수님의 존재를 다시 마음에 새겨보며 많은 은혜를 받았어요. 선교 기간 중 3일은 PUP대학교에서 노방전도와 찬양집회를 할 계획입니다. 그때 학생들에게 나눠줄 전도지(비닐 홀더)에 선생님의 복음광고를 넣을 수 있을까요? 신선하면서도 마음으로 확실하게 전해지는 메시지가 담겨있어, 대학생 대상 전도용으로 적절할 것 같아서요. 전도지(비닐 홀더)는 3천장 정도 맞출 예정입니다."

마침 2016년 새해 첫날부터 성북동의 갤러리 처치에서 복음광고 초대전을 하고 있어 전시장에서 이 청년을 만났다. 믿음이 좋고 아름다운 청년이었다. 복음광고를 선교에 사용할 수 있도록 허락하고, 디자인을 도와주었다. 따로 선교지에서 입을 'Jesus touches you' 반팔 티셔츠도 40벌 주문해 주었다.

택배로 보내려다가 서울의 마지막 달동네라는 말에 궁금하기도 해서 그곳 교회로 직접 차를 몰고 출발했다. 산동네 입구에 도착한 후 내비게이션이 가리키는 곳으로 골목길을 올라가는데 마치 놀이공원의 바이킹을 타는 것처럼 깎아지른 듯한 급경사가 나왔다. 그 골목길을 오르다보니 타이어 타는 냄새가 심하게 났다. 결국 차는 오도 가도 못하는 신세가 되고 말았다. 이러다가 차가 전복되겠다는 생각이 들 정도였다.

산동네 정상 막다른 골목쯤에 차를 세우고 나서야 정신을 차릴 수 있었다. 그런데 그 길은 중계장로교회로 가는 길이 아니었다. 다시 절벽 같은 골목길을 후진해서 내려가는데 오르막길보다 내리막길은 더 아찔했다. 눈물이 찔끔 나올 정도로 두려웠던 나머지 입에선 절로 기도가 나왔다. 천신만고 끝에 달동네 정상에 위치한 교회에 도착했다. 그제야 안도의 한숨이 쉬어졌다. 1970~80년대의 달동네 풍경이 거의 그대로였다. 연말이면 TV뉴스에 나오는 나눔과 연탄 배달 장면들이 스쳐지나갔다.

교회에서 전도사님을 뵙고 차를 한 잔 마시며 이 자매의 이야기를 듣게 되었다. 고등학교 때부터 교회에 출석했는데 지금까지 한 번도 주일에 빠진 적이 없다고 한다. 의정부로 이사를 갔는데도 토요일이면 미리 와서 달동네의 전도사님 집에서 자고, 주일이면 교사로 청년부를 섬기고 있다고 했다. 그 교회에서 이 자매는 정말 보물 같은 소중한 존재였다. 자매에 대한 칭찬이 그칠 줄을 몰랐다.

돌아오는 길에 삶으로 그리스도의 향기를 풍기는 자매를 생각하니 요즘 청년들 같지 않아 더 가슴이 뭉클해졌다. 이 시대에 향유옥합을 깨트린 마리아와 같은 자매를 만난 것 같았다.

필리핀 단기선교가 끝난 후, 중계장로교회 백권재 담임목사님께서 청년들과 함께 갤러리 처치 전시장을 방문해주셨다.

"복음광고 전도지로 이틀 동안 폴리텍 대학생 2천 5백 명에게 결신카드를 받아서 기독교 동아리에 전달했습니다. 기적이죠. 이제 동아리에서 한 사람씩 연락하여 복음을 전하게 됩니다. 귀한 복음광고 전도지와 대표님을 만나게 된 것은 하나님의 은혜입니다. 작년에 사영리로 전도활동을 했을 때와는 비교할 수 없을 만큼 폭발적인 반응에 놀랐습니다. 복음의 핵심이 담긴 간결한 메시지가 아주 효과적이었습니다. 귀한 전도지, 필리핀에서 대박입니다."

필리핀 PUP대학 등에서 '0+1=100 & 100−1=0' 복음광고로 만든 전도용 홀더, 부채, 전도지 3,500장으로 2,500여 장의 결신카드를 받았다고 말씀하시는데 정말 깜짝 놀랐다. 그곳은 복음의 황금어장이었다고 한다.

그동안의 복음 광고사역을 보람으로 인도해주신 감사의 고백이 터져 나왔다. 이어지는 청년들의 간증을 들으며 다시 한 번 정직한 문화사역자가 되어야함을 깨닫는 시간이었다.

"필리핀 빠떼로스 교회에서 고등학생 400명에게 복음전도지를 전달하고 설명했습니다. 여기에서 반응도 대박이었습니다. 노방전도하면

서 전도부채를 500장 나누어주었는데, 길거리에서 부채가 펄럭이는
걸 보면서 하나님의 놀라운 섭리를 보았어요. 저녁엔 대학교 캠퍼스
안에서 찬양집회를 열어 예수 그리스도를 자랑했지요. 이것 또한 하
나님의 은혜였습니다. 또한 빠떼로스 시청 앞에서의 찬양집회는 천
군천사가 함께한 집회였습니다. 하나님께서 하시는 일은 날마다 신
기하고 놀랍기만 해요."

터키 게릴라 전시회

미국의 SILK WAVE MISSION 선교회를 통해 터키의 C선교사
님으로부터 초청을 받았다. 2016년 5월 중순쯤 터키 카파도키아
연합중보기도회 컨퍼런스에 복음광고 전시회로 와 달라는 내용이
었다.

미국 뉴욕에서 복음광고전시회가 열릴 수 있도록 간절히 기도
하고 있었는데 뜻밖에도 4월에 터키에서 복음광고를 선보여주시
면 좋겠다는 제안을 주신 것이다.

무척 기뻤으나 통장에 잔고가 없는 내가 이번에는 또 어떻게 경
비를 마련할까 염려가 되었다. 여전히 나는 걱정을 먼저 하는 연
약한 자라 어깨를 늘어뜨리고 있었다. 그러다가 다시 하나님께 기
도했다.

"주님, 저의 필요를 아시지요? 주님께서 한 가지 사인만 보여주
시면 순종하겠습니다."

터키에 나를 초대한 C선교사님을 통해 일산의 J교회 목사님을

만났다. 당신도 이번 터키 컨퍼런스에 강사로 초대되었는데 많은 해외 일정 때문에 도저히 갈 수 없다고 하셨다. 그러면서 성령님께서 C선교사님과 나를 복음광고로 연결하신 것을 놀라워하셨다.

나는 목사님께 부활절 기념으로 만든 '0+1=100' 열쇠고리를 선물로 드렸다. 목사님은 가만히 열쇠고리를 보시더니 내게 복음광고 문화선교비를 지원하고 싶다고 하셨다. 왕복 비행기 티켓을 구입 할 수 있을 거라며 100만원을 후원해주셨다. 성령께서 목사님께 '100' 이라는 숫자에 감동을 주셨다고 한다.

내심 놀라웠다. 목사님을 만나기 전 내 통장의 잔액은 제로였다. 터키로 나를 보내시려면 사인을 보여 주시라고 기도했는데 목사님의 후원으로 터키 왕복 항공권이 응답이었던 것이다. 바로 전시회 준비를 했다. 터키는 아무래도 테러가 많이 발생하는 지역이니만큼 게릴라 전시회라는 콘셉트가 좋을 것 같았다. PVC 박스 재질에 작품을 붙여 출발하게 되었다.

2015년 부활절기념으로 복음광고로 만든 열쇠고리 기념품

약 10년 전 이애실 사모의 『어~ 성경이 읽어지네』 강의를 들을 때였다. 사모님은 자신이 방문한 터키의 에베소에서 찍은 사진을 보여 주며, 바울의 사역 배경을 설명하셨다. 그때 나는 속으로 무척 부러웠고, 언젠가 기회가 되면 꼭 가보리라 다짐한 적이 있었다. 그런데 그 꿈도 이번에 이루게 된 것이다.

이스탄불에서 4인 1조로 렌터카를 타고 5,000킬로 정도의 전도여정을 시작했다. 드로아와 앗소를 거쳐 에베소에 도착해 바울을 묵상하며 가장 아름다운 건축물인 셀수스 도서관을 눈앞에서 보았다. 정말 감동이 되었다. 도서관을 지나 우측으로 나오니 2,000년 전에 지었다는 야외 공연장이 눈에 들어왔다. 무대는 2만 명이 들어갈 수 있는 대규모였는데 그 웅장함에 압도당했다. 우리 팀은 감격한 가운데 야외무대에서 '왕이신 나의 하나님'을 찬양했다.

대회가 열리는 카파도키아^(Cappadocia)에 당도해서 여장을 풀었다. 새벽 예배를 위해 5시쯤 눈을 뜨고 호텔 창밖을 볼 때였다. 갑자기 하늘 가득 풍선이 떠오르는 아름다운 풍경이 보였다. 그날 새벽예배에는 놀랍게도 이번 터키 선교여행에 항공료를 후원해주신 J교회 목사님이 강사로 오셔서 말씀을 전하셨다. 다른 해외 일정이 많아 못 오실 수도 있다고 했는데 다시 만나서 반가웠다.

사실 나도 한국을 떠나 터키로 올 때는 많은 염려의 시선을 받았다. 터키에 테러가 많다 보니 위험하다고 걱정하는 분들이 많았다. 그래서 실제로 한국에서는 대부분 팀들이 참석을 취소했다.

그래도 죽으면 죽으리라는 순교적 마음으로 왔는데 막상 와 보니 예상 외로 평화로웠다.

문득 우리나라가 떠올랐다. 다른 나라에서 보면 세계에서 가장 위험한 나라는 다름 아닌 한국이다. 북한 핵실험과 미사일 발사 보도가 거의 매일 해외뉴스에 도배되는 때였으니 왜 안 그러겠는가. 한국에서도 내가 살던 서부전선 최북단의 일산이 가장 위험한 곳이라는 말도 들었다. 세상에서 가장 위험한 나라에서 출발해 둘째가라면 서러울 만큼 위험하다는 터키에 와서 가장 안전하고 평화롭게 있으니 미소가 절로 나왔다.

대회 마지막 날에는 두 가지의 기적을 맛보게 하셨다. 복음광고 전시회를 보신 미국 교포 성도님들께서 3천불 정도에 해당하는 작품과 'Jesus touches you' 전자파 차단 스티커들을 구입해주셨다. 이번에도 역시 빈손으로 터키에 왔는데 아웃리치 비용 500불을 줄 수 있었다.

또 한 가지는 마지막 조식을 먹는 자리에서였다. 10여 일 뒤에 미국 L.A에서 아주사 세계선교대회(KWMC)가 열리게 된다는 소식을 들었다. 그 순간 100년 전 성령님께서 미국 아주사에서 일으키셨던 성령의 역사를 내 마음 가운데 불같이 사모하는 마음을 주셨다. 그리고 점심식사 때쯤 L.A 아주사 세계선교대회 집행위원이라는 분을 만나게 되었다.

마침 집행위원이라는 분도 복음광고 전시회를 보고 감동을 받아 작가인 나를 찾고 있었다고 했다. 서로 만나 점심을 먹었다. 그렇지 않아도 미국 뉴욕에서의 첫 전시회를 놓고 지난 수년간 기도하고 있었다고 고백했다. 그러자 그분은 L.A 아주사 세계선교대회에서 복음광고 전시회를 하면 좋겠다고 했다. 그러면서 덧붙이는 말이 비행기 왕복 항공권만 준비해서 오면 나머지는 자신이 도와주겠다는 말에 나는 또 한 번 감격의 눈물을 흘렸다. 미국 교포들에게 3천불 정도의 작품을 판매했으므로 이미 주님께서 내 손에 미국 왕복항권 비용을 마련해 주신 셈이었다.

터키에서의 연합중보기도회와 아웃리치, 복음광고 게릴라 전시회에 순종하자, 하나님께선 그토록 기도하고 소망하고 꿈꾸었던 첫 미국 순회 복음광고 전시회의 문을 열어 주셨다. 발걸음 옮기는 곳곳마다 하나님의 예비하심에 놀라지 않을 수 없고, 성령님의 일하심에 감격하지 않을 수 없었다.

터키에서 돌아온 후 6월, 20일간의 일정으로 난생처음 1차 미국 복음광고 전시회로 다녀오게 되었다. L.A 아주사 세계선교대회에서도 터키에서처럼 3천불 정도의 작품과 스마트폰 전자파 차단 스티커가 판매되었다.

L.A에서 워싱턴으로 날아가 워싱턴중앙장로교회를 방문했다. 복음광고 전시회 동역자인 S대표를 만나 2차 미국 순회 복음광고 진행상황을 점검하는 미팅을 마치고, 다시 뉴욕으로 이동했다. 뉴욕에서는 복음광고추진위원장인 L전도사님을 만나 뉴욕교회협의회 회장단을 찾아갔다. 거기서 7월에 뉴욕 할렐루야대회의 초청까지 확정했다.

하나님께서는 터키에서부터 미국 주요도시까지 장장 4개월간의 순회전시회를 동행해주시고 인도해주셨다. 오병이어와 같은 기적의 시작은 일산 J교회 목사님의 항공비 후원 100만 원에서 시작되게 하셨다.

그런데 더 놀라운 일은 2차 미국 순회 전시회 때 일어났다.

8월 말쯤 마지막 시애틀 형제교회에서의 집회와 전시회를 남겨 두고 오렌지카운티 미주복음방송 '새롭게 하소서'에 출연하게 되었다. 1차 미국방문 때 아주사 세계선교대회 중에 미주복음방송에 출연한 적이 있었는데 그때는 L.A코리아타운에 방송국이 있어 불편함이 없었다. 그런데 2차로 L.A에 왔을 때는 방송국이 오렌지카운티로 이전을 하여 2시간 정도 떨어진 거리에 있었다. 그 거리를 갈 수 있는 교통편이 없었다.

교통편을 찾던 중 터키 카파도키아 선교대회에서 미국으로 나를 처음 초대 해 준 L목사님과 전화통화를 하게 되었다. 거기서 나는 깜짝 놀랄 만한 사실을 알게 되었다. SILK WAVE MISSION 선교단체 본부가 새로 이전한 미주복음방송국과 5분 거리에 있다는 사실이었다. 나는 바로 이 선교단체를 섬기시는 K선교사님께 전화를 드렸다. 선교사님은 내 전화를 무척 반겨주셨다.

방송국 인터뷰 두 개 프로에 출연하게 되는 바람에 예정에 없이 시간이 길어졌다. 오후 3시나 되어서야 선교단체를 방문하니 지난 5월 터키에서 만난 반가운 얼굴들이 네 분 정도 계셨다. K선교사님은 40분 거리에 있는 뉴포트 비치까지 드라이브로 태평양 바닷바람을 맞게 해주셨다. 주님께선 2016년 복음광고 문화사역의 미국 문을 여는 데 결정적 역할을 해준 이 선교단체를 축복의 통로로 사용해주셨다.

만남의 복

　세계를 품고 예수 복음광고 문화사역을 하게 해달라고 기도하다 보니 미국 워싱턴에서 고국을 방문하신 하나님의 사람을 만나게 해 주셨다.

　전직 광고인 출신 S대표께서는 나와 도저히 만날 수 없는 사이였지만, 주님은 만남을 주선해 주셨고 귀한 교제와 나눔으로 함께하게 하셨다.

　S대표를 알게 된 것은 뉴욕교회협의회 통해 복음광고 전시회를 유치하기 위해 나를 돕고 있던 뉴욕 복음광고전시회 추진위원장님인 L전도사님으로 인해서였다.

　L전도사님은 복음광고 뉴욕 전시회와 관련해 지인인 S대표와 이야기를 하게 되었다고 한다. 그때만 해도 S대표는 어떻게 잘 알지도 못하는 사람의 일에 나설 수 있냐며, 처음엔 내가 하는 사역을 다 신뢰하지는 못한 상태였다. L전도사님은 다시 나를 주안에서 한 형제이며 믿을 만한 광고인이라고 추천했다. 그렇게 해서 S대표가 페이스북에서 나와 친구가 되었다.

　그리고 독자적으로 페이스북을 통해 복음광고 사역을 모니터링하는 과정에서 S대표가 감동을 받은 것이다. 2016년 4월 출장 차 한국에 나오는 길에 나와 S대표와의 첫 만남이 이루어졌다.

　고향이 대구인 경상도 사나이인데다 광고계의 선후배로 만나게 되니 서로 금세 마음이 통했다. 또한 신앙인으로서 간증하길 눈에 영적 비늘을 벗었다는 고백을 듣고, 귀한 동역자가 되겠다는 생각이 들었다. 그 후에도 계속 서로 기도하며 페이스북으로 소통해왔는데 2개월 뒤인 6월에 생각지도 않게 갑자기 미국의 문이 열린 것이다. 끝까지 포기하지 않고 믿음으로 순종하여 발을 내딛을 때 요단강이 갈라져 여호수아가 이끄는 백성들이 건너게 되었던 것처럼 예비하신 미국의 동역자들을 미리 준비해두시고 인도하셔서 순적하게 문을 열어 주셨다.

2016년 6월 초 첫 미국 방문 때 10시간 비행 후 경유지인 시애틀 공항에서 환승하기 위해 입국심사를 받았다. 그런데 테러가 일어난 터키를 일주일 전에 다녀온 것으로 인해 입국심사관은 의심의 눈초리로 계속 까다로운 질문을 했다. 심사관과의 신경전은 한국인 통역을 받고서야 무사히 통과했다.

이번에는 수화물을 찾고 있는데 작품을 포장한 박스 두 개 중 하나가 분실되고 없었다. L.A로 갈아 탈 비행기 시간은 없고, 매우 당황스러웠지만 직원이 친절하게 알아봐 주었다. 마침내 30분쯤 후 잃어버린 작품 박스를 찾았는데 타고 온 수화물 쪽이 아니라 다른 수화물 칸에서 발견되었다. 3시간이나 지체되어 저녁 9시에 L.A에 도착했다. 도와준 직원에게 감사의 선물로 '0+1=100' 열쇠고리를 주자 기뻐했다.

L.A공항에 도착하니 첫 미국 방문에 결정적인 도움을 준 김동일 목사님께서 먼저 나오셔서 반갑게 맞아주셨다. L.A 아주사 세계선교대회(KWMC)는 퍼시픽 대학에서 열렸는데 도착해보니 복음광고를 진열할 전시장이 없었다. 할 수 없이 50여 점의 작품을 야외 복음광고 전시회로 준비했다. 열악한 조건이었지만, 전 세계에서

오신 많은 선교사님들께 새로운 복음 접근방법을 보여줬다는 호평을 얻을 수 있었다.

작품과 복음광고로 만든 열쇠고리, 전자파 차단 'Jesus touches you' 스마트폰 스티커도 불티나게 판매되었다. 또한 L.A월드미션 신학대학교와 복음광고 이미지 사용 라이센스 계약도 체결했다. 이 수익금은 2차 미국 순회 전시회를 오는 비행기 티켓 비용으로 주님께서 예비 해 주셨다. 한편 L.A 미주복음방송에서의 생방송 인터뷰 스케줄이 잡혔다. 미국 서부전역에 '복음광고'의 간증과 함께 '0+1=100' 복음광고 찬양이 울려 퍼졌다.

생방송으로 출연해서 약 50분 동안 지난 날 골방기도를 통한 문화사역을 풀 스토리로 간증했다. 그리고 방송이 끝나자마자 곧바로 중앙일보로 이동하여 종교부 장열 기자님과 2시간 인터뷰를 했다. 전면기사로 실린 인터뷰 기사의 제목은 이랬다.

"교회는 예수를 광고하고 있나?"

미국에서 목격한 주님의 놀라운 경륜은 끝이 없었다.

미국 첫 방문을 앞두고 있던 사흘 전이었다. 미국으로 이민을 간 교우와 12년 만에 연락이 닿았다. 친구는 페이스북으로 자신의 연락처를 남겼다. 12년 만에 한국을 방문 중인데 내가 생각났다고 한다.

약속을 하고 충무로에서 반갑게 만났다. 그런데 놀라운 일이 있었다. 이번 L.A에서 아주사 세계선교대회가 끝나면 방문을 하려고 준비했던 곳이 워싱턴이었다. 그런데 그 교우는 워싱턴 근처

리치몬드에서 살고 회계사로 일하고 있다고 했다. 그러면서 자신도 6월 11일 나와 같은 날 워싱턴 공항에 도착한다면서 함께 만나 자신의 집으로 가자고 초대해주었다.

첫 미국 방문이고 미국에는 아는 사람이 아무도 없었다. 그런데 하나님은 12년 만에 나타난 교우 친구를 만나게 하심으로써 미국에 지인을 갖게 해 주셨다. 이 교우로 인해 아주 행복한 워싱턴 일정을 마칠 수 있었다.

주님께서 만남의 복을 통해서 하나님의 사람들을 보내주시고, 모으시고, 일하시는 것을 두 눈으로 목격했다. 미국, 독일, 스페인, 이탈리아 등지의 유럽 그리고 터키, 호주, 뉴질랜드, 러시아, 불가리아 등지에서도 복음광고를 보고 찾아와 주었다. 모든 것이 살아계신 하나님의 은혜였다. 보내주신 하나님의 사람들과의 네트워크를 통해 복음광고가 축복의 통로로 사용되기를 기도한다.

9회 말 역전의 만루 홈런처럼

2016년 7월 3일 2차 미국 순회 복음광고 전시회를 갖기 위해 뉴욕으로 출발 하기 3일 전이었다.

주일 오후 예배를 성북동에 있는 갤러리 처치에서 드리게 되었다. 그때 만난 L집사는 내가 워싱턴에서도 전시회를 하게 되었다는 이야기를 듣고, '워싱턴 ○○교회에서 복음광고 전시회를 하지 않으면 워싱턴에서 전시회를 했다고 볼 수 없다'는 말을 했다.

그러면서 본인이 직접 그 교회에서 전시를 할 수 있게 적극적으로 돕겠다고 했다. 곧 워싱턴의 그 교회와 메일을 주고 받았다.

내가 어떤 복음 문화사역을 하고 있는지 알려야 하기에 우선 복음광고 사역 간증프로에 출연한 'CGN TV 하늘 빛 향기'를 보내드렸다. 마침 그 교회 사모님께서 간증에 은혜를 받으시고 직접 연락을 주셨다. 그러면서 워싱턴에 오면 당신의 교회에서 집회와 전시회를 할 수 있도록 적극적으로 돕겠다고 하셨다.

담당 교역자와 구체적인 내용을 조정한 끝에 그 교회에서의 집회와 전시회가 결정되었다. 두 달간 미국 동부에서 서부까지 주요 도시를 돌며 집회와 순회전시회를 계획했다. 교회의 숫자로만 보면 7개 정도였는데, 워싱턴에서 이 교회가 추가되어서 미국으로 가는 발걸음이 한결 가벼워졌다.

뉴욕에 간 첫날 동역자인 창원의 K대표가 복음광고 전시회를 돕겠다고 동행해 주었다. 한국에서 항공권 예매를 해준 K대표에게 뉴욕에서 항공료 비용을 다 계산해 주고 나니 내 주머니에는 100달러(한화 10만 원)도 채 안 되는 돈이 남았다. 순간적으로 "주여" 하는 탄식이 터져 나왔다.

'앞으로 미국에서 두 달간의 강행군을 해야 하는데 이 돈으로 어찌해야 한단 말입니까?'

다음날 뉴욕의 '할렐루야대회'에서 첫 전시회가 열렸다. 프라미스 교회에서 열리는 이번 대회에서 복음광고 전시회를 시작하게 되었는데 페북에서 나의 활동을 지켜보셨던 에스더 최라는 중년부인이 찾아 왔다. 그리고 복음광고 문화선교비로 써 달라며 봉투를 주고 가셨는데 300달러가 들어 있었다. 뜻밖의 일이었다. 나는 이 첫 문화선교비 후원으로 미국 전시회 일정의 모든 염려를 벗을 수 있었다. 성령님께서 끝까지 인도해 주시겠다는 사인이었기 때문이었다.

그러는 한편 걱정도 되었다. 미국 순회 전부터 감당치 못할 기적을 보여주시니 혹시 교만해져서 출애굽 한 광야에서의 이스라엘 백성들처럼 하나님의 역사를 잃어버릴 것 같아서였다. 교만하지 않는 사명자가 되게 해달라고 기도했다.

프라미스 교회의 로비에서 전시 작품을 설치하려고 할 때였다. 그 교회의 사무장이라는 사람이 와서 강력하게 전시회 진열작업을 제지했다. 로비의 대리석에 전시물을 붙일 때 투명 테이프를 사용했는데 그 자국이 난다는 이유였다. 뉴욕교회협의회에 다 보고했기에 교회 측과 협의가 된 줄 알았는데 문제가 생긴 것이다. 순간 난감한 상황이었지만, 여호와 이레 하나님께서는 이것도 미리 다 준비하게 하셨다.

나는 사무장님께 정중하지만 단호하게 말씀을 드렸다. 로비의 대리석에 전혀 스크래치가 생기지 않도록 완벽한 준비를 해 왔고, 전시회가 끝나면 프라미스 교회의 청년부 회장 자매가 책임지고 깨끗이 청소해 주기로 약속을 했다고 했다. 그제야 사무장은 완벽하게 준비해온 것을 보고 미소를 지으며 청년회장 자매를 어떻게 아는지 놀라는 눈치였다.

6월 1차 미국 방문 때 이미 뉴욕에서 뉴욕교회협의회 회장님과 관계자들을 만나 복음광고 전시회를 위한 미팅을 가졌다. 전시회 초청이 결정 되어 잠깐 시간이 남아 혼자서 타임스퀘어 광장으로 나가게 되었는데 한 자매가 생각나 메시지를 보내게 되었다. 그런데 이 자매는 바로 근처에서 미팅을 마치고 일어나려던 참에 나와 연락이 된 것이다. 커피숍에서 반갑게 처음 만나게 되었다.

사실 이 자매와는 약 3년 정도 페이스북을 통해 알게 되었다. 야구를 좋아하는 자매는 복음광고 홈베이스 'Come back home' 작품에 감동하여 서로 안부를 묻고 있었다.

그녀는 자신이 아이티에 6개월간 선교를 다녀왔다고 했다. 그걸 계기로 선교 비전을 갖고 있었는데 문화선교를 하는 나와 이렇게 뉴욕에서 만나게 되어 깜짝 놀랐다고 했다. 자매는 직장생활을 할 때, 마녀라는 악명 높은 별명을 얻을 만큼 일에 있어서 대단히 프로페셔널 했다고 한다. 그랬던 그녀가 선교의 비전을 품은 후 잘 다니던 좋은 직장도 뒤로 했던 것이다.

그러면서 자매는 자신이 다니는 교회 이야기를 했다. 그 교회에는 전시장이 있는데 대여를 해주기 때문에 세상의 다양한 전시회가 열리고 있다고 했다. 자매는 몇 년 전부터 그 전시장에 복음광고 전시회가 열릴 수 있게 해달라고 기도해왔으며, 담임 목사님께도 내 사역을 알고 있었다는 것이다.

나는 그날 결정된 전시회 이야기를 해주었다. 뉴욕교회협의회 주최의 할렐루야 대회에 초청을 받았고, 프라미스 교회에서 전시회를 할 예정이며, 오늘 그 교회를 방문하고 왔다고 했다. 그러자 깜짝 놀라며 자매의 큰 눈망울에서 금방이라도 눈물을 흘릴 것 같은 표정이 되었다. 알고 보니 그 프라미스 교회가 바로 이 자매가 섬기고 있는 교회였고, 자매는 바로 그 교회 청년부 회장이었다. 나도 온 몸에 전율을 느꼈고, 하나님의 은혜에 감사하는 마음이 풍성해졌다.

뉴욕의 두 교회에서 복음광고 전시회와 집회를 잘 마치고, 토요일 오후 워싱턴 중앙장로교회에서 전시회를 하고 있을 때였다.

다음 전시가 있는 ○○교회 담당교역자가 전시회에 찾아 오셔서 복음광고 전시장을 둘러보며 미팅을 하고 돌아갔다. 주일 아침 호텔에서 잠을 자고 있는데 전화 벨소리가 울렸다. 그리고 청천벽력 같은 말이 수화기에서 왕왕거렸다.

3일 뒤에 그 교회에서 수요집회와 전시회를 하기로 일정이 잡혀있었는데 담임목사님이 버지니아의 외부 강사로 나가게 되어 집회와 전시회를 취소한다는 일방적 통보였다. 이국만리까지 온 나그네에게 아무런 대책도 없이 취소하는 처사가 쉽게 이해되지 않았다. 왜냐하면 바로 어제까지도 담당자가 직접 찾아와 사전점검까지 모두 했고, 취소 할 아무런 사유도 없었기 때문이다.

불현듯 전시장을 돌아본 담당자의 보고 중에 잘못된 것은 없었을까하는 의심이 되었다. 나는 담당자와 직접 통화를 했다. 그랬더니 자신도 어제 전시장에서 회의를 마치고 교회에 가 보니 담임목사로부터 집회와 전시회를 취소하라는 이메일을 받았다는 것이다. 곧장 밤에 내게 전화를 했지만 받지 않았다고 설명했다. 황당한 일이었지만, 일단 주일예배를 드렸고 그런 뒤 다시 상황을 알아보고 연락하기로 하고 전화를 끊었다. 그 후로는 아무 연락이 오지 않았다.

미국에까지 와서 이런 일을 당하고 보니 황당하기도 하고 서러운 감정마저 생겼다. 그래도 어쩔 도리가 없었다. 주님의 뜻이 어디에 있는지 기도할 수밖에 없었다.

역전의 하나님께서는 이 일을 통해 더 큰 축복을 준비해놓고 계셨다. 펑크가 난 첫 날은 어느 목사님 댁에서 1박을 허락해 주셨고, 둘째 날부터 2박 3일은 리치몬드의 친구(12년 만에 만났던 교우)의 초대로 버지니아 해변에서 낚시와 게 잡이(블루크랩)로 뜻하지 않게 즐거운 휴가를 보내게 해 주었다.

다시 워싱턴으로 돌아오자, 워싱턴중앙장로교회의 L장로님께서 당신 가정을 오픈해서 나와 20명 정도의 교우들을 초대해서 저녁식사와 함께 복음광고사역 간증을 할 수 있도록 배려해 주셨다. 그리고 장로님 댁에서 워싱턴을 떠날 때까지 2박 3일 동안 묵을 수 있도록 숙박을 허락해주셨다.

그 다음에 더 놀라운 일이 벌어졌다. 시애틀형제교회 권준 목사님께서 워싱턴중앙장로교회에서 사경회가 있어 교회 홈페이지에 들어오셨다가 팝업창을 보신 것이다. 그곳엔 미국 복음광고 전시회 소식과 함께 내 페이스북이 링크되어 있었다고 한다. 목사님은 바로 내 페이스북에 들어오셨는데 거기서 전시회 펑크가 난 이야기를 읽으셨던 것이다. 목사님은 미국의 이민교회가 먼 고국에서 온 나그네를 이렇게 홀대하면 안 된다고 생각하셨다고 한다.

당장 부목사에게 복음광고 전시 상황을 알아보게 하고, 나에게 전화를해서 시애틀형제교회에서 복음광고 전시회와 집회를 할 수 있도록 약속해주셨다. 부목사께서 9월 1~4일까지 전시회를 할 수 있는지 물어오셨고, 9월 5일에 귀국한다고 하자 바로 담임 목사님께 말씀드려 집회와 전시회 일정이 결정되었다. 게다가 왕복 항공권을 내 메일로 보내왔다.

9월초 시애틀형제교회에서 복음광고 전시회와 스토리텔링으로 금요집회에 서게 하셨고, 주일예배 시간에도 1~3부까지 10분 정도씩 복음광고 문화사역을 소개할 수 있도록 배려해 주셨다.

토요일 마지막 날 저녁에는 이대호 선수가 뛰는 시애틀 매리너스 홈경기가 있는 야구장에서 홈베이스로 만든 복음광고 'COME BACK HOME'을 들고 이대호 선수를 응원했다. 기도한 대로 1차 2차로 3개월 넘는 시간을 미국에서 체류했는데, 100불도 안 되는 돈밖에 없던 내가 미국 동부 뉴욕에서부터 서부 시애틀까지 10여 곳 이상에서 복음광고 순회전시회와 집회를 할 수 있었다.

9회말 2아웃 만루 찬스에서 역전 홈런을 친 것처럼 알파와 오메가 되시는 하나님께서는 미국에 첫 발을 디뎠던 복음광고 사역을 멋지게 마무리해주셨다.

워싱턴의 노숙자와 L.A의 노숙자

2016년 8월초 워싱턴 광야교회의 위싱턴DC 지하철 출구의 노상에서 가진 전시회와 집회는 1, 2차 미국 순회 전시에서 가장 특별한 시간이었다.

전남 나주가 고향인 N목사님은 12년째 워싱턴 백악관 근처에서 노숙자 사역을 하고 계셨다. N목사님의 주선으로 워싱턴 광야 교회 목요저녁 집회(노숙자)에서 복음광고 작품을 전시하고, 복음의 삶을 진솔하게 전했다. 계획에도 없었던 일정에 통역으로 함께 해주신 분은 미국 Liberty 신학교의 김진태 교수님이시다.

나는 처음으로 미국의 노숙자 사역에 함께하며 이것이 진정한 복음이다 싶었다. 이 시대에 예수님께서 다시 오신다면 이들 노숙인의 자리로 가장 먼저 오셨을 것이라는 생각이 들었다. 이곳의 가난한 이웃들에게 육의 양식과 영의 양식을 공급하는 자리였다. 노숙자들 대부분은 말기 암 환자를 비롯해 소망이 없어 보이는 이웃들이었다. 처음엔 예배에 집중하지 못하고 딴 짓을 하던 이들의 영혼을 성령님께서 만지시니 복음 앞에 울고 웃는 사람으로 변해갔다.

그들은 복음광고 문화사역을 하는 나의 인생과 닮은 점이 많았다. 늘 아무것도 없는 제로에서 사역을 하는 내 삶과 자신들의 삶에 동질감이 들었는지 '0+1=100' 복음광고를 간증할 땐 "아멘. 아멘"을 외쳤다. 그리고 나와 함께 동행해주신 주님의 이야기와 복음광고가 접목되니 열광적으로 반응했고 교감해주었다. 김 교수님의 탁월한 통역과 N목사님의 열정과 수고에 감사를 드린다.

8월 말쯤에는 L.A 주님의영광교회(신승훈 목사)에서 전시회와 집회를 가졌다. 맥아더공원에서 노숙자 사역을 하시는 P선교사님과 함께 한 시간이었다. L.A 주님의영광교회의 주방에서는 거리의 천사들에게 줄 식사 준비로 여자 성도들 일곱 분이 분주했고, 음식이 준비되자 의자와 테이블 등 예배드릴 장비들을 차에 실었다.

12시쯤 맥아더공원에 도착해서 예배장소를 마련하고 나니, 거리의 천사들이 모여들었다. 100여 명이 함께 찬양을 부르며 예배를 드리기 시작했다. 복음광고 작품을 보여주며 내가 간증할 수 있는 시간도 가졌다. 예배 중에 한 노인이 기도하다가 눈물을 흘렸고, 그 눈물은 마침내 부르짖음으로 변했다. 땅 바닥에서 서럽게 울며 주님의 긍휼을 구하고 있는 것이었다. 노숙인들은 다양한 인종이 섞여 있었는데 그중엔 변호사 출신도 있었다. L.A의 마지막 홈리스 집회를 마치면서 미국 땅을 향한 주님의 슬픈 마음을 조금은 알 것 같았다.

신짜오 베트남

1960~70년대에 유년 시절을 보낸 나는 달구지를 끌었던 소가 신작로에 싸놓은 배설물을 본 적이 많았다. 그런데 쥐똥도 약에 쓰려고 찾으면 없다는 속담처럼 소의 배설물을 찾으려고 하니 도대체 찾을 수가 없었다. 할 수 없이 페이스북에 광고를 올렸다. 목장을 하는 페이스북 친구들에게 부탁도 하고, 직접 젖소 목장을 방문하기도 했다.

아뿔싸! 시대가 달라진 게 인간문명뿐인 줄 알았더니 소의 배설물에도 유행이 있는 걸까. 요즘 소의 배설물은 예전의 배설물과 형태가 달랐다. 사료를 먹이며 키우다 보니 배설을 해도 예전처럼 똥 무덤이 만들어져 있지 않은 것이다. 촬영은 허사로 돌아가고,

아무것도 얻지 못한 채 돌아오곤 했다. 더 이상 한국에서 예전 소의 배설물을 찾을 수 없다고 판단할 무렵, 페이스북을 통해 '소똥을 찾습니다.' 라고 글을 올리게 되었다. 바로 베트남에서 메시지가 왔다.

베트남에 계시는 선교사님께서 내가 그토록 찾고 있는 소 배설물이 있다고 메시지를 주신 것이다.

"사실 저희는 정년퇴직을 하고 남은 삶을 선교하며 살고 싶어 베트남에 온 지 7년차가 되었습니다. 복음광고 대표님께서 배설물을 찾으신다는 페북의 글을 보고 연락을 드렸네요. 다른 일도 아니고 복음광고에 사용하신다는 말씀에, 바로 그 일을 제가 해야겠다는 생각이 들었습니다. 헌데 대표님이 원하시는 사진을 잘 찍어야하는 부담은 있었지요. 우리 남편 선교사는 갈 수 없는 상황이라, 목사님의 사모님과 함께 오토바이를 타고 논두렁길에 가서 사진을 찍었답니다. 사진이 마음에 드실지는 모르겠지만, 이중에서 골라 복음광고에 사용하시면 저로선 정말 큰 영광입니다."

선교사님께서는 직접 배설물 사진을 찍어서 보내오셨는데 100장이 넘는 방대한 자료였다. 내가 어릴 적에 흔하게 보았던 바로 그 소똥이었다. 이렇게 소똥이 반가울 줄은 꿈에도 몰랐다. 그 중 맘에 드는 사진이 딱 하나 있었다. 그걸 일러스트로 수정을 해서 복음광고로 제작할 수 있었다.

페이스북에 감사의 글을 올렸는데 다른 친구 중에 베트남의 K 선교사님께서 이걸 보시고는 메시지 하나를 보내주셨다. 그 덕분에 내게 사진을 찍어 보내신 선교사님에 대해 알게 되었다.

"호치민에서 기차로도 13시간이 걸리는 곳에 두 분 선교사님이 섬기시는 푸옌성이 있습니다. 620명 무료진료 사역을 하고 있는데, 갑자기 선교사님께서 소똥 사진을 찍어야한다고 오토바이로 몇 번을 다녀오셨는지 모릅니다. 두 분 선교사님은 정말 훌륭하신 분입니다. 그리고 이제야 소똥이 필요한 이유도 알게 됐습니다."

타국에서 의료 선교하기도 바쁘실 텐데 여성의 몸으로 오토바이까지 타고 먼 길을 수차례 수고해 주셨다고 하니 너무 죄송하고 감사할 뿐이다. 소의 배설물 원고 사진을 보내 주시면서 오토바이 타신 기념사진도 보내 주셨는데 꼭 여전사들 같은 모습이었다. 뭉클한 감동이 일었다.

고혈압으로 폐암을 잡다

2018년 1월 16일 정기건강검진을 했는데 고혈압이라는 진단이 나왔다. 그래서 2차 검진을 받기 위해 병원을 다시 찾았다. 170-110이라는 혈압수치가 나와 고혈압 약을 처방받았다.

그런데 의사는 내 가슴 X레이에 이상이 있으니 CT를 찍어 보겠느냐고 제의했다. CT라는 말에 순간 긴장이 되었다. 바로 CT실로 갔다. 둥근 통에 누워 CT를 찍는데 약간의 긴장과 두려움이 생겼다. 그러나 별것 아니겠다는 생각도 들면서 만감이 교차되었다.

CT를 찍고서 의사와 상담을 하는데 책상 위에 놓인 컴퓨터 CT 영상에 흰 덩어리가 보였다.

"…폐암 2기쯤으로 보입니다."

의사는 컴퓨터 화면과 내 시선을 번갈아 보면서 빨리 큰 병원으로 가서 정밀검사를 받아 보라고 말했다. 정말 큰 충격을 받은 나는 내 지난 시간을 되돌아보았다. 암 중에서 사망률 1위라는 무서운 폐암, 그러나 나는 평생 담배 한 번 피워보지 않았다.

그런 내가 폐암에 걸렸다는 게 믿어지지 않았다. 그렇지만 흰색 암 덩어리를 직접 내 눈으로 보았으니 인정을 하지 않을 수도 없었다. 기가 막히고 말문이 막혔다. 평소에 고혈압에 대해 트라우마가 있었는데 하나님께선 고혈압을 잡으려고 간 그 병원에서 폐암을 발견하게 해주신 것이다.

하지만 그것도 은혜였다. 아무런 자각증세가 없는 폐암을 초기에 발견하게 되었다는 것은 성령님의 도우심이라고밖에 다른 말로 설명할 수가 없다.

일산에서 다니던 교회에는 동갑이면서 고향이 같은 K교우가 있었다. K교우는 대기업 언론사에서 20여 년 동안 기자로 생활하며 열심히 살았고, 산을 좋아해서 토요일이면 교우들과 함께 산행을 하던 조용한 성격이었다. 언제였던가, K교우는 회사에서 부장으로 승진해 고향에서 홍어회를 보내왔다며 산악회 교우들을 집으로 초대해 전라도 음식을 제대로 맛보게 해주었다.

그런데 2009년이었다. 아들과 함께 유럽으로 전도여행을 떠나는 날 즈음에, 회사에서 명예퇴직을 했다는 K교우의 소식을 들었다. 혼자 해남 땅끝 마을에서부터 파주 임진각까지 도보로 행군한다는 소식이었다. 그 장정이 얼마나 힘든 일인데 혼자 강행군을 할까 의아하기만 했다.

그 후 그를 개인적으로 만났는데 수척해진 모습이었고, 차를 마시며 위로해 준 적이 있었는데 힘들었던 마음을 열었고, 서로 아픔을 나누었다. 그런데 만남 4일 후 청천벽력 같은 소식을 접했는데 그 교우의 소천 소식이었다. 이미 그 교우는 마음이 많이 아팠던 것이다. 그때 누구에게도 말하지 못하고 혼자서 얼마나 답답한 마음이면 고된 행군을 계획 했을까 생각하니 마음이 아려왔다.

미망인에게서 심장마비로 죽은 남편 옆에 고혈압 약통이 있었다는 이야기를 들었다. 그때부터 고혈압에 대한 이야기를 들을 때면 K교우의 죽음이 오버랩 되었다. 약 9년 전에 먼저 하늘나라에 간 K교우와의 추억이 이번 건강검진에서 고혈압 질병을 통해 결정적으로 폐암을 발견할 수 있게 되었다는 생각이 들었다.

만일 한 지체가 고통을 받으면 모든 지체도 함께 고통을 받고 한 지체가 영광을 얻으면 모든 지체도 함께 즐거워하나니 너희는 그리스도의 몸이요 지체의 각 부분이라(고전 12:26~27)

죽으면 살리라

2018년 1월 중순 국립암센터에 가져간 내 CT를 보고 우측 폐에 있는 방울토마토 크기의 덩어리가 폐암 같다는 의사의 소견을 받았다. 담당 의사는 내게 바로 입원해서 정밀검사를 받자고 했다. 그러나 바로 입원하는 일이 여의치 않았다. 새해부터 광주 포도원

교회와 미국 세계교육선교대회 초청으로 L,A나성영락교회 복음
광고 전시회가 미리 예약이 되어 있었기 때문이다.

하나밖에 없는 목숨이 관련된 일이니 응당 전시회를 취소해야
할 상황이었지만, 하나님께서 주신 기회를 놓칠 수 없다는 생각이
들었다. 더욱이 광주는 유년시절부터 청년 때까지 줄곧 자란 곳이
었기에 지금까지의 복음사역을 고향에도 소개하고 싶다는 마음이
간절했다.

결국 의사의 만류를 무릅쓰고 가족들에게도 폐암이라는 사실을
숨긴 채 정밀검사와 입원을 한 달 뒤로 연기했다. 그때 내 심정은
'죽으면 죽으리라.' 였다. 의사도 내 생각이 확고함을 보고, 미국
에서 귀국하는 다음날로 검사 스케줄을 잡아주었다.

사실 이번 미국행은 뜻밖의 초청이었다. 세계교육선교사대회의
집행위원이신 아프리카 탄자니아의 L교수님께서 주선해준 것이
다. 고향인 빛고을 광주포도원교회 전시회 유치도 반전에 반전을
거듭하며 어렵게 열리게 된 데는 동역자들의 희생적인 헌신이 있
었다. 주님의 특별한 은혜였다.

미국으로 출국하기 전날이었다. 광주전시회장에서 만난 한 인
도네시아선교사께서는 갑자기 밑도 끝도 없는 말씀을 하셨다. 미
국에 가면 복음을 광고하는 기업이 있는데 포에버21의 J회장을
만나면 좋겠다는 얘기였다. 처음 듣는 이름이어서 내게는 마치
'미국에 가서 김서방 찾는' 것처럼 황당한 소리로 들렸다.

폐암 선고를 받고 무거운 마음으로 미국행 비행기를 타고 태평
양을 날아가는데 2년 전 첫 미국 방문 때의 일들이 파노라마처럼

빠르게 스쳐 지나갔다.

미국 순회 전시회 때 기적처럼 줄줄이 이어지던 여러 도움의 손길들이 생각났다. 바쁘다는 핑계로 주님의 사랑을 입었던 고마운 분들을 까맣게 잊고 있었는데 태평양 상공에서 비행 중에 성령님께서 생각나게 하신 것이다. 이승종 목사님, 권준 목사님, 이동홍 선교사님 세 분께 그 때의 은혜에 감사한 마음을 글로 전했다. 그리고 이번 복음광고 책을 출간하는 추천사를 부탁드렸더니 세 분 모두 흔쾌히 허락해 주셨다. 어쩌면 이번 미국 방문은 이 세 분 멘토님들과 다시 만날 수 있는 자리를 마련해주시기 위함이 아니었나 싶다. 1월 말쯤의 L.A는 여름 날씨였다. 나를 초대해주신 L교수님께서 공항에 마중 나와 풀러신학교 게스트하우스로 안내해 주셨다.

'예수' 복음광고전시회는 풀러신학교와 나성영락교회에서 동시에 시작했다. 때마침 이 소식을 들은 L.A 노숙인 사역자 P선교사님께서 전시장에 오셔서 전시 작업을 도와주셨다. 전시회 준비를 마쳤는데 한국의 동역자에게서 카톡이 왔다. 포에버21의 J장로님이 다니시는 교회가 '또감사교회'인데 나성영락교회와는 5분 거리로 가까이에 있어 깜짝 놀랐다는 것이다. 처음에 인도네시아 선교사님으로부터 포에버21의 J회장님을 만나라고 할 때는 이 넓은 미국 땅에서 어떻게 찾을 수 있을까 불가능하다고 생각했는데 정말 놀라운 일이었다.

하지만 J회장이라는 분은 미국에 있는 한국교포 중 가장 성공한 부자라고 하니 나를 만나줄 것 같지 않았다. 그래도 J회장님이라는 분이 '또감사교회'의 장로라고 하니 무작정 만나는 것보다는 준비해 간 선물을 하는 것이 더 낫겠다고 생각했다. 교회가 가까운 데 있다고 하니 더더욱 그랬다. 2018복음광고로 만든 벽걸이 캘린더가 있어서 선물로 가져갔다. 또감사교회 방문해서 간사님께 말씀을 드리고 선물만 전달하고 돌아오는 것으로 만족해야 했다. 성령님께서 J장로님의 마음에 감동을 주시길 바라면서 말이다.

2월 2일 미국에서 55회 생일을 맞이했다. 2년 전에 L.A 아주사 세계선교사대회에서 만난 페이스북 친구인 김금자 전도사님께서 전시장에 찾아와 도와주셨다. 그리고 저녁식사와 생일축하를 근사한 곳에서 해주셔서 즐겁고 행복했다.

5일 동안의 전시회는 성황리에 끝났다. 존경하는 손봉호 교수님을 비롯해 많은 대학 총장님과 교수님들 선교사님들이 참여해주신 복음광고 전시회는 반응이 뜨거웠다. 대회 집행부 스텝들도 복음광고 전시회가 기대했던 것 이상의 성과를 거두어 이번 전시회를 유치한 L교수님과 내게 깊은 감사를 표했다. 21세기형 새로운 맞춤형 전도 방법이었고, 4차 산업혁명시대의 예수 그리스도 복음을 광고하라는 강력한 메시지가 거부감 없이 사람들의 마음을 사로잡았다고 했다.

또한 몽골의 울란바트라 대학과 연변 과기대에서도 교수님들의 초청을 받기도 했다. 복음광고를 본 이 대회 강사인 정한나 사모님과의 만남에서 하박국 2장 2절의 말씀을 하셨다.

"달려가면서 보게 하라."

하나님께서 직접 내게 주시는 말씀으로 받았고, 지금 하고 있는 복음광고 슬로건에 딱 맞았다. 광고를 하면서 배운 것처럼 차로 달려가면서도 0.3초 이내에 광고를 보고 반응해야 복음으로 가는 길을 관통하는 것이다. 한 순간에 마음을 사로잡지 못하면 실패한 광고이기 때문이다.

마지막 날엔 지인이 ANC온누리교회 문화 사역하는 장 팀장을 전시회로 초대하여 감상하고 감동을 받아 ANC온누리교회가 운영하는 인터넷 방송에 출연했다. 방송인터뷰는 장장 3시간이 넘게 녹음을 해 3부에 걸쳐 방송이 되었다.

3박 4일간의 L.A 세계교육선교대회가 끝나고, 복음광고전시회는 나성영락교회에서 주일까지 이어졌다. 주일 아침 게스트하우스에서 아침식사를 마쳤는데 나성영락교회로 가는 차가 2대뿐이었다. 결국 나만 동승할 수 없게 되고 말았다. 차로 30~40분이나 되는 거리인데 차에 좌석이 없으니 주일에 교회도 갈 수 없는 내 처지가 처량했다.

그런데 마침 하루 전날 만났던 기자님이 앞에 가고 있었다. 어느 교회에서 예배를 드리시는지 물었더니 '또감사교회' 로 간다는 것이었다. 할렐루야! 영락교회와 가까워서 '또감사교회' 만 갈 수 있다면 되겠다는 생각을 하게 되었다. 혹시 차에 자리가 있는지 물어보니 한 자리가 비어 있어 타도 좋다고 했다.

주일예배는 '또감사교회' 에서 드리는 것도 좋겠다는 생각이 들었다. 지난 월요일에 J장로님께 드리라고 간사에게 전달한 복음광고 캘린더가 생각났다. 주님께서 포에버21의 J장로님을 만날 수 있도록 역사해주시고 계신다는 것을 느낄 수 있었다.

교회에 도착해서 문을 열자마자 놀랍게도 J장로님과 마주쳤다, 얼떨결에 서로 인사를 나누게 되었다. 50대 후반 쯤으로 보이는 장로님은 180cm정도의 훤칠한 키에 인물이 아주 잘 생기셨다. 나를 '복음광고 문화사역자'로 소개했다. 그리고 예배를 드리기 위해서 교회 안으로 들어가 맨 앞자리에서 J장로님 부부와 함께 예배를 드리게 되었다.

예배를 마치고 목사님, J장로님과 인사를 나누는데 갑자기 성령님께서 전도지를 선물로 드리라는 감동을 주셨다. 나는 전도지를 꺼내기 위해 즉시 가방에 손을 넣었다. 그런데 10년 전에 만든 2007년 칸 광고제 출품작인 전도지가 손에 잡혀 놀랐다. 앞면의 카피는 '100-1=0' 즉 '100% 성공한 인생이라도 하나님 한 분이 빠지면 아무것도 아닙니다.'였고, 뒷면에는 수의 사진과 함께 '수의에는 주머니가 없습니다.'와 '우리가 세상에 아무것도 가지고 온 것이 없으매 또한 아무것도 가지고 가지 못하리니'^(디모데전서 6:7)라는 말씀이 찍혀 있는 전도지였다.

여호와 이레 하나님께서 J장로께 직접 주시고 싶은 강력한 맞춤 메시지인 것 같았다. 교회 방문자 환영 룸에서 인사를 나누고 있는데 이번에 J장로님의 부인 권사님이 들어오셨다. 성령께서 담대한 마음을 주셨다. 권사님께도 J장로님께 드렸던 똑같은 전도지를 드리고 복음광고를 소개하니 좀 더 구체적으로 이야기해 달라는 말이 돌아왔다.

"이 세상에서 아무것도 지니지 못했어도 하나님과 동행하며 사명을 감당하는 사람이라면 그 사람은 모든 것을 가진 사람이요, 세상의 모든 것을 100% 다 가졌어도 그 가운데 하나님이 없다면 그 사람은 아무것도 같지 못한 사람입니다. 오직 예수 그리스도 한 분이면 충분합니다."

그랬더니 권사님께서는 올해 6월에 한국을 방문하시는데 한 번 함께 만나서 이야기를 해 보자고 하셨다. 주님께서 하시는 일에 전율하지 않을 수가 없었다.

미국 L.A에는 흔한 친척 한 사람이 없지만 때를 따라 매일 매일 하나님의 사람들을 보내주셔서 교제와 음식을 나누며 아무런 불편함 없이 지낼 수 있었다. 필요할 때마다 많은 천사들을 보내어 주셨는데 특별히 초청에서부터 마지막 새벽 4시 공항출국까지 책임을 져준 L교수님께 머리 숙여 감사를 드린다.

한국에 도착하자마자 국립암센터에서 정밀검사인 PET검사를 했다. 다음날 결과가 나왔는데 폐암으로 확진되었다. 의사의 폐암이라는 선고를 들으면 놀라야 하는 게 정상인데 놀라지 않은 내 모습을 보면서 오히려 그것이 나를 더 놀라게 했다. 오히려 평안했고 담대한 마음이 생겼다.

다행히 폐암 1기 후반이었다. 2.5cm 크기의 선암이었다. 하나님 아버지가 사랑하는 아들이 고기를 달라고 하는데 뱀과 전갈을 주시겠는가? 이 폐암이 나를 죽게 할 병이 아니라 하나님의 영광을 나타내기 위해서 내게 주셨다. 이 질병과의 싸움에서 정면 돌파해 속히 완쾌될 수 있기를 기도했다. 그래야 복음광고를 들고 땅 끝까지 뛰고 날아다닐 수 있기 때문이다.

내가 달려갈 길과 주 예수께 받은 사명 곧 하나님의 은혜의 복음을 증언하
는 일을 마치려 함에는 나의 생명조차 조금도 귀한 것으로 여기지 아니하
노라(사도행전 20:24)

인생 제3막

우리들은 다 어리석게도 영원히 살 것처럼 탐욕과 크든 작든 자
신의 성공을 쫓아 다람쥐 쳇바퀴 돌 듯 살아간다. 하지만 우린 다
시한부 인생들이다. 누구에게나 긴박한 종말의 때가 곧 온다. 개
천철에 죽으나 한글날에 죽으나 죽는 것은 다 똑같다.

2018년 구정 설 연휴가 끝나는 월요일에 입원을 하게 되었다.
우리 부부는 정밀검사의 결과가 정확히 나오기 전에는 고향에 내
려가서도 가족들에게 비밀로 하기로 했다. 난 고향에서는 설 연휴
하루만 보냈다. 평창 올림픽 기간에 나는 동역자들과 평창으로 가
서 복음광고 전도지와 홀더로 노방전도활동을 하기로 했다. 평창
올림픽에 오는 세계인들에게 복음을 전하는 예수 올림픽을 만들
기 위해 평창의 한 수양관을 베이스캠프로 삼고 강원도로 출발했
다.

강원도 평창의 겨울 추위는 대단했다. 우리 일행은 매서운 칼바
람 속에서도 평창 올림픽 주요 경기장을 둘러보고, KTX 진부 역
에서 전도활동을 했다. 금세 얼굴은 빨개지다 못해 얼얼해졌다.

전 세계에서 온 많은 사람들을 만나 예수를 소개했다. 하지만
돌아오는 답의 대부분은 냉소적인 표정의 "NO 땡큐"였다. 강원

도의 칼바람만큼이나 차가웠다.

그래서 전략을 바꾸기로 했다. 성령께 먼저 저들의 필요를 채워 줄 수 있게 해 달라고 기도했다. 그 후에 복음을 전하는 것이 좋겠다는 지혜를 주셨다. 올림픽에 온 관광객들은 진부역 역사 앞에 있는 대형 평창올림픽 마스코트(수호랑과 반다비) 앞에서 기념사진을 찍고 싶어 했다. 나는 그들의 사진사가 되어 주었다. 사진 실력을 발휘해서 멋진 사진을 찍어 주고 영어로 된 '0+1=100' 전도지를 주며 "Jesus loves you"라고 말했다.

밝은 미소로 "땡큐~"하며 받아 든 전도지를 보며 궁금증을 갖던 그들은 전도지의 내용을 자세히 읽어보기 시작했다. 이해가 된 사람들은 진리를 깨달았다는 기쁨에 우리를 향해 엄지손가락을 들어 올려 주었다. 어떤 이들은 '할렐루야'로 화답하는 등 반응들이 아주 좋았다.

3년 전 복음광고전시회와 집회를 했던 워싱턴 광야교회에서 노숙인 사역을 하시는 N목사님을 나는 평창올림픽 현장에서 3년 만에 다시 만났다. 목사님은 선수단을 위해 기도하는 중보사역을 맡고 계셨는데 내 폐암 소식을 듣더니 아픈 부위에 손을 올리고 전심으로 기도해주셨다. 2박3일간의 평창올림픽 노방전도활동에도 감기도 걸리지 않고, 건강히 잘 마친 후 집으로 돌아 올 수 있어 주님께 감사했다.

국립암센터에 입원해서 정밀검사를 받는데 힘든 검사들이 많았다. 그러나 그 순간에도 오직 주님만 바라보고 말씀과 기도와 찬양으로 이겨낼 수 있었다.

5인실 병실에 입원을 했는데 대부분이 말기암 환자들이었다. 소망 없는 시한부 인생으로 죽음을 받아들이고 있었다. 모두들 체념한 모습들을 보니 쉽사리 말을 걸 수가 없었다. 거기에 비하면 나는 명함도 내밀지 못하는 처지라 미안한 마음까지 들었다. 이들에게 복음광고로 만든 탁상용 달력을 선물하며 주님을 전했다.

암덩어리가 있는 우측 폐에 직접 긴 침으로 시료를 채취하는 검사와 기관지 내시경, MRI 뇌검사를 받았다. 통 안에 들어갈 때 엄청난 크기의 소리와 사이렌 소리, 노크 소리, 나이트클럽의 요란한 음악 소리 같은 게 들렸다. 그 괴상한 소리들은 자기장끼리 부딪치는 소리라고 하는데 다행히 내겐 마라나타 찬양으로 들려 찬양을 따라 불렀다. 긴장되고 공포스러워 도망가고 싶어진다는 이 검사를 나는 찬양을 부르며 버틸 수 있었다.

4박5일 동안의 검사가 다 끝나고 퇴원을 한 후 결과를 기다렸다. 불행 중 감사하게도 최종 진단 결과는 전이가 없는 폐암 1기 후반으로 나왔다. 미국 출국으로 정밀검사가 한 달간 연기되어 의사선생님이 하는 말씀이 전이 여부가 가장 걱정 되었다고 했다. 다행히 다른 곳으로 전이되지 않아 바로 수술하면 70~80% 완치될 수 있다고 안심을 시켜주셨다.

수술해주실 주치의는 첫 만남에서부터 아주 친절한 분임을 확인했다. 대부분 수술대기 환자들이 많아 바로 수술을 할 수가 없다고 한다. 때를 놓쳐서 몇 달씩 기다리다가 암이 전이될지도 모르기에 환자 입장에서는 빨리 수술을 받고자 하지만 현실은 그렇지 않다는 것이다.

나와 아내도 바로 이 부분을 염려하며 수술주치의를 만났는데 뜻밖에도 보름정도 뒤인 3월 19일로 수술 날짜를 정해주었다. 4월쯤이나 수술을 하게 될 줄 알고 기도하고 있었는데 너무나 기뻤다.

담당 의사는 수술하기 3일 전에, 온 가족들을 수술상담에 참석케 해서 설명을 해주었다. 환자의 입장에서 궁금해 할 수 있는 부분들을 쉽고 믿음이 가게 설명해 주셨고 그의 유머감각과 친절함이 큰 위로가 되었다.

그런데 막상 의사 선생님의 구체적인 설명을 듣고 보니 생각했던 것보다 더 수술이 결코 간단하지 않다는 것을 알게 되었다. 폐는 좌측은 상엽과 하엽 두 개가 있고, 우측 폐는 상엽, 중엽, 하엽, 세 개가 있다고 한다. 의사는 내게 우측 하엽을 완전히 절개하고, 기관지에 붙어 있는 림프절까지 절개하는 흉강경 수술방법을 사용하겠다고 했다.

3월 19(월) 9시 그날의 첫 수술환자가 되었다. 수술대 위에서 기도하는 중에 수면제가 투입되자 스르르 잠이 들었다. 약 2시간 정도 만에 수술을 마치고 잠을 깨우는 소리에 실눈을 뜨고 기분 좋게 깨어나 중환자실로 옮겨졌다. 그런데 호흡을 잘 할 수 없어 가슴이 너무 답답했다. 폐 한쪽의 일부를 절개하니 숨이 막히고 마음껏 호흡할 수가 없었던 것이다. 우리가 평소에 마음껏 공기를 들이 마시고 숨 쉬는 것이 얼마나 감사한 일인지 새삼 알 수 있었다.

고난주간에 우측 폐암 수술을 하고 보니 33세의 짧은 생애로 이 땅에서의 사명을 다 마치시고 십자가에서 죽으시고 부활하신 예수님이 떠올랐다. 예수님 우측 옆구리에 난 창 자국의 위치와 내 수술 부위가 똑같아서인지 십자가의 예수님 옆구리 흔적이 오버랩 되었다.

"폐암 수술로 우측 폐의 일부를 잘라내었습니다. 주님, 잘라 낸 이 빈 공간에 예수님의 은혜와 사랑으로 가득 채워 주옵소서."

폐암 발견부터 수술 때까지의 시간이 두 달이나 미루어졌지만, 하나님의 은혜는 미루어지지 않았다. 하나님의 나라와 의를 위해 맡겨주신 사명을 잘 감당한 결과, 주님께서 치유의 역사를 보여주신 것이다.

"수술은 의사가 하지만, 치유는 하나님께서 하신다."

2018년 새해부터 시작된 복음광고 전시회가 부활주일까지 광주포도원교회와 미국 L.A 세계교육선교사대회에서 있었다. 이 작은 시작을 하나님께서 이끌어 주셨고, 이제 열매를 맺을 때까지 계속해서 주님께서 이루어 주실 일들을 기대해본다.

하나님의 사명을 맡은 자는 주님께서 더 사용하시려고 생명을 연장 시키주신 것 같다. 남은 인생은 그저 보너스이고 은혜이다. 이 사명에 올인하면 주님이 기뻐하시리라 믿는다.

다시 초심으로 돌아가 복음광고를 통한 하나님 나라 확장운동으로 많은 사람들을 주님께 돌아오게 만들 것을 다짐해본다. 광고는 백 마디 말이나 한 권의 책 보다 훨씬 더 강한 전달력을 가지고 있는 시각언어이기 때문이다.

오로지 복음광고 사역에만 집중하고 있기에 쉽지 않은 가시밭

길이라 할지라도 마다하지 않겠다. 다음 세대들도 하나님이 각자에게 주신 달란트를 창의적인 방법으로 발휘해 전 세계를 누비며 복음을 전하는 개척자가 되었으면 좋겠다. 세상의 스펙보다 자기 삶이 담긴 스토리가 진정한 복음광고라고 하겠다. 하나님과 동행하며 수많은 영혼들을 주님 앞으로 돌아오게 하는 데 일조하는 인생 제3 막을 지금 여기서 다시 시작하고자 한다.

내가 죽지 않고 살아서 여호와께서 하시는 일을 선포하리로다(시편 118:17)

6

전도의 새로운 패러다임

복 있는 사람

나를 따르라

전도용 캘린더

어느 목회자의 고백

한 노방전도자의 편지

다시 복음광고란

복음광고를 하는 목적

예수 광고쟁이의 꿈

맺는 글

복 있는 사람

　예배를 보는 사람과 예배를 드리는 사람의 차이점은 무엇일까? 예배를 보는 사람이란 은혜 안에서 복음의 기쁨을 누리는 남의 복을 부러워만 하는 사람이고, 예배를 드리는 사람은 그 복을 내가 사모하여 받는 사람이라는 말이 있다.

　안타깝게도 우리는 예배드린다는 말보다 예배를 본다(구경)는 말을 너무 쉽게 한다. 물론 그것이 액면 그대로 예배를 구경한다는 뜻은 아니겠지만, 우리가 습관처럼 하는 말속에는 신앙을 대하는 우리의 자세가 내포되어 있는 경우가 많다.

　2016년 송구영신예배 기도 중이었다. 하나님께서 내게 하나의 마음을 부어 주셨고, 그 믿음을 내 입술로 스스로에게 선포하게 하셨다.

　"주님께서는 올해 내게 특별한 은혜를 부어주실 것입니다. 복음광고를 들고 세계 열방으로 나가도록 성령님께서 동행해 주시고 이끌어주실 것입니다."

　그때까지도 미국 뉴욕에서 복음광고 전시회를 하고 싶다는 기도에 아무런 미동도 없는 상태였다. 하지만 5월 테러가 있던 터키로 부르심에 순종하니 주님께서 복음광고 문화사역의 길을 열어 주시고, 6월 미국으로 초대 받게 해 주셨다. 터키 전시회를 무사히 마치고 한국으로 돌아왔다. 교회의 리더에게 그동안의 터키 사역을 말씀드리고. 미국에서 복음광고 사역 내용을 문서로 보고 드렸는데도 반응은 대체로 무관심했다. 수고했다는 격려의 말 한마디는 보내줄 줄 알았다. 그런데 내 눈을 피했다. 섬기는 교회에서 외면 받았다는 생각에 나는 깊이 상처를 받았다.

영혼에 따귀를 맞은 듯한 상한 심정에 무작정 길을 걸어가고 있었다. 때마침 내 발걸음이 멈춘 곳은 다섯 명 정도가 참석하는 성북동 갤러리 교회였다. 거기서 나는 주일 오후예배를 함께 드리게 되었다.

그날 인도자가 설교 성경 본문인 두 절(마 5장 3~4절)함께 따라 읽는데 나는 그 자리에서 22,000볼트 전기에 감전 된 것처럼 전율이 느껴졌다. 산상수훈의 말씀이었는데 예수님께서 나에게 직접 주시는 위로의 말씀이셨다. 조금 전까지의 상한 마음은 온데간데없이 사라지고 큰 기쁨과 위로와 평강이 찾아왔다. 복음광고를 시작하게 하신 분도 이끌어 가시는 분도, 복음광고를 봐야 하는 이들을 만나게 하시는 분도 주님 한 분이셨다.

심령이 가난한 자는 복이 있나니 천국이 저희 것임이요 애통한 자는 복이 있나니 그들이 위로를 받을 것임이요(마태복음 5:3-4)

나를 따르라

나이 39살이 되던 해 내 눈에 비친 세상은 형언할 수 없는 색깔이었다. 어떠한 청사진도 조감도도 아무것도 그려지지 않았다. 내가 선택해야 하는 방법은 점점 하나로 좁혀졌다. 굵고 짧게 사는 것이 인생이었다. 그때까지만 해도 나는 무엇을 하며 어떻게 살아야 하는지, 가치 있는 일이 무엇인지를 알지 못했다. 삶의 의미를 모르고 인생을 방황하며 짧은 생을 마치려 할 그때, 극적으로 나는 살아계신 하나님을 만났다. 성경속의 인물들이 증명했던 그들의 하나님이 아닌, 귀로만 듣던 남의 하나님이 아닌, 나의 하나님을 인격적으로 만나게 된 것이다. 그분이 죽고자 했던 나를 살리시고 거듭남의 시간을 통과하게 하셨다. 그 자리에서 나는 인생의 목적과 사명을 새롭게 정립했다.

회심한 때부터 지금까지 17년이란 세월이 눈 깜짝하는 사이에 흘렸다. 한 영혼의 가슴에라도 울림이 되어 회심하길 바라는 마음이 컸기에 여기까지 올 수 있었다. 남들이 안 가본 길이기에 무시와 조롱과 이용을 당했고, 외로움과 배고픔을 겪었다. 나를 핍박하고 배신하는 사람들은 거의 다 가까운 곳에 있었다. 비록 고난으로 점철된 길이었지만 진리는 그 모든 무게를 벗어나게 해주었다. 사명을 감당하는 원동력은 예배자의 기쁨과 기도와 감사함뿐이었다.

하나님의 사람들이라면, 언제든 크나큰 열정이 솟구쳐오를 때가 있다. 바로 그때 우리는 그 열정이 하나님의 비전인지 내 야망인지 점검해야 한다. 아무리 방법이 화려하고 좋아보여도 내 뜻이 더 크다면 지체하지 말고 꺾어야 한다. 반대로 아무리 어렵고 손해나는 것처럼 보일지라도 그것이 하나님의 뜻이라면 그 길을 구해야 한다. 먹음직도 하고 보암직도 한 사단의 유혹과 시험에 빠지게 되면 아무리 분주하게 사역해도 하나님의 뜻과 상관없는 것이 된다. 그리고 결국엔 내 야망으로 목적이 바뀔 수 있다. 내 뜻은 마지막까지 꺾고 비우면서 하나님의 비전을 구하며 나가야 한다. 육신의 무릎과 영혼의 얼굴을 땅에 대고 주께 간절히 기도해야 한다.

그 길을 가노라면 때때로 극심한 고난에 죽을 것 같지만, 하나님은 나를 절대 혼자 두지 않으신다. 신앙이란 처음 고백이 그 실력이 아니라 끝까지 인내하며 이겨내며 가는 게 믿음이고 실력이다. 그 길이 바로 구원이라는 하나의 정상까지 가는 길이다. 진정한 제자는 왕이신 나의 예수님을 삶으로 따르는 사람이다.

예수님께서 이르시되 손에 쟁기를 잡고 뒤를 돌아보는 자는 하나님 나라에 합당하지 아니하니라 하시니라(누가복음 9:62)

전도용 캘린더

도로나 아파트 단지 입구에서 가장 많이 만날 수 있는 사람들이 있다. 교회 전도자들이다. 요즘 상당수의 교회 앞에서는 각종 음식 전도를 한다. 겨울이면 고구마 전도부터 붕어빵 전도, 여름이면 냉커피부터 부채까지 다양하다. 행인들을 잠시 불러 세우면서 그 틈을 타 복음 메시지를 전하려는 것이다. 최근엔 실용성을 중시해선지 물티슈나 자잘한 선물을 주기도 하고 교회 홍보물, 부부생활 10계명, 자녀 교육 10계명… 세상에서 유행하는 글귀를 살짝 고친 인쇄물을 나누기도 한다.

그러나 이런 인쇄물들과 선물들은 거의 일회성에 그치는데다 기독교 전도문화의 품격을 떨어뜨리곤 한다. 또한 하나님의 창조 질서 안에서 우리의 정체성과 영혼을 바로 세워주어야 하는 교회가 오히려 세상 풍조를 모방하거나, 성경말씀을 함부로 활용하는 우를 범하고 있다. 오랜 시간 그런 전도현장의 실상들을 지켜보며 사실상 나는 마음이 안타까웠다.

1차원적이고 획일적인 전도방식에서 벗어나 어떻게 하면 기독교 전도 문화를 개선할 수 있을까 생각하다 복음광고 작품으로 전도지와 전도용품을 만들게 되었다. 이왕 물품 선물을 주려거든 복음의 메시지를 담고 있으면서도 격조 있는 것이어야 한다고 생각했다. 그러면 아직 예수를 믿지 않는 사람들이라도 복음광고가 주는 시각적 독창성에 끌려 소장하고 싶지 않을까 싶었다.

매년 하반기가 되면 많은 교회들은 어떤 새해 캘린더를 만들어야 할지 많은 고민을 한다. 특별히 아이디어가 없는 교회들은 대부분 캘린더 회사에서 보내 온 샘플 책에서 고르곤 한다. 교회 건물 그림이나 이름이 크게 들어가거나 교회 행사 사진으로 도배되어 있기도 하고, 삽화 같은 천편일률적 성화가 주류를 이룬다.

그런데 실상을 들여다보면 그런 교회 달력은 기독교인들 사이에서도 썩 달갑게 여기지 않는다. 교회의 일에 미학적 관점을 추구하다가 믿음 없다는 인상을 줄까 봐 말을 못하고 있을 뿐이다. 그러다 보니 달력은 시간이 흘러도 나아지지 않고, 늘 비슷한 디자인이 되고 만다.

교인들에게도 환영 받지 못하는 달력을 전도용으로 쓰기에는 적합할까? 자칫하다가는 낙후된 기독교 문화만 재탕하거나 교회의 수준을 가늠하는 잣대로 쓰이기 딱 알맞다. 내가 주안점을 둔 게 바로 그것이다. '이거 교회 달력이다' 라는 획일적 이미지를 주지 않게 세련되면서도 복음적이고, 달력을 받는 사람에 따라 '창조적 오독' 이 가능한 달력을 만들고 싶었다.

나는 2010년부터 8년 동안 현대적 감각의 카피와 디자인을 앞세운 복음광고 캘린더를 계속 제작, 발표하고 있다. 복음의 메시지가 한눈에 들어오고 머리에 쏙 박히는 촌철살인의 기법을 쓰려고 노력한다.

2016년 미국 순회 복음광고 전시회 때 전도용 캘린더를 함께 전시했는데 여섯 곳의 한인교회에서 전도용 캘린더 주문이 들어와 미국으로 수출까지 했다. 교회들에서 좋은 반응을 얻었을 뿐만 아니라 선물용으로 구입하고 싶다는 요청이 쇄도한 것이다.

예수님의 고난을 묵상하는 3월에는 눈물이 연상되는 양파를, 부활하신 예수님을 묵상하는 4월에는 못 자국이 선명한 예수그리스도의 손바닥을 감각적으로 등장시켰다. 겨울을 준비해야 할 것 같은 11월에는 '수의에는 주머니가 없다'는 문구 하나로 나눔의 소중함을 강조했고, 한 해를 마무리 짓는 12월에는 '0 더하기 1은

100'이라는 시각언어를 넣어 아무것도 없는 빈손이라도 예수님 한 분만으로 충분하다는 메시지를 전했다.

그 중에서 글자가 오타가 아닌가 싶도록 헷갈리게 해서 오히려 더 반응이 좋았던 작품이 있다. 바로 '죽복'이다.

"오직 예수 십자가 안에서라면 '축복'보다 더 좋은 것이 '죽복'입니다. 내 자아가 죽고, 세상적인 가치관이 죽고, 명예와 욕심이 죽고, 주님과 함께 함께 사명을 감당하며 가는 그 길만이 행복합니다."

이 복음광고는 오타를 의심하는 걸 시작으로 정답을 찾아가는 과정에서 복음을 전하자는 의도였다. 처음부터 그것을 아는 사람은 없다고 봐야 한다. 당연히 캘린더 인쇄과정에서 공장장의 전화를 받았다. 아무래도 '죽복'이란 말이 '축복'의 점이 하나 빠져 오타가 아닌지 해서 일단 기계를 멈추었다고 했다. 나는 그에게 내용을 다시 한 번 잘 읽어보라고 했다. 무심코 생각할 때 '축복'이지만, 기독교의 핵심인 십자가 죽음을 따르려는 제자에게는 '죽복' 이외의 답은 없는 것이다. 캘린더 속 복음광고를 통해 회심하는 분, 또 영혼구혼이 이루어졌다. 효과는 정말 컸다. 이렇게 복음광고 작품으로 캘린더를 만들다보니 각종 교회 캘린더에 관심이 많아졌다.

2012년 7월 어느 여름날 나는 오산리기도원 기도굴에서 기도하고 있었다. 원래는 영국 런던올림픽으로 가 런던에서 복음광고 전도지로 전도활동을 하기 위해 다 준비해 놓고 다음 날 런던으로 출발을 앞두고 있었다.

그런데 국민일보 미션 1면 전면에 복음광고 인터뷰 기사로 인해 모든 계획이 틀어지고 말았다.

하나님 나라의 일은 다 들어내놓고 하는 것이 아니라는 지혜를 배우게 된 사건이었다. 오른손이 하는 일을 왼손이 모르게 하라신 주님 말씀처럼 말이다.

주님께서 런던 대신 기도원 굴로 보내신 것이다. 그런데 오산리 기도원 강사로 올 것 같지 않은 분당우리교회 이찬수목사님께서 강사로 오셔서 예배를 드리게 되었다. 골리앗을 물리친 다윗이야기 본문 말씀이라 조금은 실망했다. 다 아는 이야기였기 때문이다.

그런데 나의 예상을 깨고 강력한 메시지로 인해 은혜와 도전을 주시는 설교말씀이었다. 나를 흥분시킨 강력한 메시지는 다윗처럼 당신은 무슨 짱돌을 가지고 계십니까?라는 물음이다.

올초 분당우리교회(이찬수목사님) 지인과 미팅이 있었다. 그래서 나의 짱돌인 복음광고로 만든 2018 캘린더 작품을 이찬수목사님께 선물로 전달하게 되었다.

여러분의 짱돌은 무엇입니까?

어느 목회자의 고백

– 친정 엄마는 새벽기도 때마다 항상 예수를 믿지 않는 남동생을 위해 기도하셨다. 남동생이 예수님을 구세주로 믿고 교회에 잘

다니는 게 엄마의 평생의 기도제목이었다. 수십 년을 기도했지만 하나님의 기도응답은 없는 것 같았다.

엄마는 2017년 12월 26일 오후 5시경 갑자기 쓰러지셨다. 그날은 내 생일이었다. 다행히 경로당에 계시다 쓰러졌기 때문에 어르신들이 바로 119구조대에 신고를 해주셨다. 몇 분 만에 도착한 119 응급구조대에 의해 엄마는 김해고려병원 응급실에 도착했다.

곧바로 CT를 촬영했는데 진단 결과 엄마의 병명은 '뇌경색'이었다. 즉시 중환자실로 옮겨져 집중 치료를 받았다. 난 엄마에게 다시 일어설 수 있다고 말씀드리며, 쾌유를 위해 기도했다. 중보기도 칠천클럽, 교회목사님들 동역자들에게 기도요청을 했다.

얼마 후 엄마는 의식을 되찾았지만 말조차 제대로 하지 못하는 상태였다. 걷지도 못하기 때문에 대소변을 다 받아내야 했다. 당연히 소변을 받아내기 위한 줄도 꽂아야 했다. 어느 날 엄마가 어눌한 목소리로 말씀하셨다.

"나, 죽을란다."

비록 내가 엄마의 딸이라 할지라도 당신의 이런 무너진 모습을 누군가에게 보여준다는 것이 무척 힘드셨나보다. 나는 단호한 목소리로 말씀드렸다.

"엄마, 규일이는 어떡해, 엄마의 기도로 동생을 전도해야 되는데, 이렇게 죽고 싶다고 말하면 규일이는 어떡해? 엄마, 살 수 있어! 하나님이 생사화복을 주관하시잖아요! 엄마, 엄마는 규일이를 전도해야 하는 사명이 있잖아요! 사명 있는 자는 안 죽어요! 엄마, 살 수 있어요. 많은 사람들이 엄마를 위해 기도하고 있어요. 엄마, 힘내세요! 죽겠단 말씀은 다시 하지 마세요! 하나님께서 살려주시니 같이 기도해요.”

엄마는 눈물만 흘리셨다. 역시 믿음의 어머니는 강하던가. 엄마는 남동생을 전도해야겠다는 일념으로 다시 병원치료에 임하셨다.

엄마가 쓰러지신 지 2주일이 되어가던 때였다. 그 날은 남동생이 엄마를 간호하는 날이었다. 동생은 엄마를 보면서 엄마가 갑자기 뇌경색에 걸리고 치료를 받고 회복되는 일련의 과정을 묵상하며 불현듯 하나님을 생각하고 있었다고 한다. 마침 동생이 앉은 바로 앞 벽에 복음광고 캘린더가 걸려있었다. 그 캘린더는 예수광고쟁이 정 대표님께서 내게 선물해 주신 것인데 엄마가 보면 힘이 더 날까 해서 집에서 가져와 병실에 걸어둔 것이었다.

동생은 무심히 그 캘린더를 쳐다보았다. 남동생의 머리에 잠시 생각 하나가 스쳤다.

‘아, 때를 미는 이태리타올이 모든 것에 때가 있다고 말하네. 참! 기발하다.’

동생은 아무 생각 없이 표제그림 바로 아래에 있는 사우나 사물함 열쇠도 봤다. 동생은 깜짝 놀랐다.

‘아니, 구원! 구일. 저건 내 이름 구일이잖아!’

동생은 결정적으로 이 복음광고 캘린더의 ’91(열쇠 번호) ‘를 본 순간 큰 감동을 받았다. 열쇠 구멍과 열쇠는 마치 숫자 9와 1일 연상하게 만든다. 동생은 절묘한 타이밍에 보게 된 복음광고에서 전율을 느꼈다. 그 즉시 동생은 오랫동안 자신을 위해 기도하고 있던 의사 장로친구에게 전화를 걸었다.

"내가 이제 때가 된 것 같다. 나, 교회에 가마."

"Just do it"

할렐루야!

남동생 이름은 규일인데 평소엔 집에서 구일이라고 부른다. 예수 믿고 천국가신 친정아버지도 남동생을 구일이라고 불렀다. 규일이라는 이름을 발음할 땐 신경을 써야 하니 쉽게 구일이라고 하면 부르기 좋았기 때문이다. 엄마도 나도 마찬가지로 구일이라고 불렀다. 주님은 정말 놀라운 분이다. 이런 방법으로 우리 가족들을 향한 구원 계획을 펼치고 계셨다.

하나님은 엄마의 평생 기도를 복음광고라는 도구를 통로로 응답해 주셨다. 남동생은 그날 예수님을 믿기로 결단한 후, 그 새벽에 내게 전화를 해왔다.

"누나, 병실 벽에 걸린 캘린더가 어떻게 그때 내 눈에 들어왔을까! 사람들은 모두 때가 있네. 게다가 열쇠 번호가 내 이름인 구원, 구일을 떠오르게 했으니 말이야… 누나, 나 교회 갈게. 교회 가서 회개할게."

엄마는 이 소식을 듣고 아기처럼 기뻐하셨다. 그리고 어제 퇴원을 하셨다. 앞으로는 재활훈련만 남았다. 엄마의 기도가 온 가족을 주안에서 하나 되게 만들었다. 생사화복을 주관하시는 주님, 기도를 들어주시는 주님, 절묘한 타이밍으로 남동생을 '구원=구일' 하신 주님께 감사와 경배를 올려드린다. 주님의 복음을 전하

는 데 복되게 쓰임 받은 예수 광고쟁이 정기섭 대표님께도 감사를
드린다.

한 노방전도자의 편지

지난 여름 말레이시아에서 세계선교를 감당하고 계시는 저의
멘토, 할렐루야선교사님으로부터 '0+1=100 & 100-1=0' 이라
는 사진을 받게 되었다. 나는 받자마자 놀란 감정을 추스르지 못
한 채 계속 보고 또 보며 내 허벅지를 쳤다.

"이거야, 이거."

그것은 마치 놀라운 진리나 귀한 보석을 발견한 기쁨과 같은 감
정이었다.

몇 년간 이태원 노방전도를 하면서 분초를 다퉈가며 지나치는

많은 사람들에게 복음을 전했다. 그러나 아무도 내 쪽을 보지 않았고 내 목소리에 귀를 기울이지도 않았다. 그래서 내겐 다른 방법의 전도가 절실했다.

평소에 나도 긴 성경 내용이 설명처럼 들어간 전도지보다는 한눈에 보이는 시각적인 전도지를 만들면 어떨까 생각하고 있었다. 그래서 솜씨는 없지만 내 나름대로 그림을 그려 복음전파에 사용하고 있던 중이었다. 그런데 주님은 그런 내게 더 단순하고 강력한 완결판전도지를 보내주신 것이다. 숫자로 이루어진 복음 공식.

나는 바로 정기섭 대표님과 전화통화를 하고 만나, '0+1=100'을 현수막으로 제작해달라고 의뢰했다. 작품 현수막이 나오자마자 나는 바로 이태원으로 들고 나갔다.

이태원은 세계 모든 민족들이 오는 땅 끝이다. 특히 이슬람권에서 많이 방문한다. 얼마나 좋은 기회인가. 이슬람권에 가서는 할 수 없는 노방전도를 하라고 주님은 우리 땅에 그들을 직접 보내주셨다. 나는 당당히 그들에게 다가간다.

"헬로우 브라더. '0+1=100' 이 무슨 뜻인지 아세요?"

그러자 그들은 고개를 갸우뚱하면서도 궁금한지 유심히 현수막을 바라본다. 그러나 이내 잘 모르겠다며 웃음을 짓는다. 난 5분 정도의 짧은 시간에 복음과 사영리를 설명한 후 현수막을 가리키며 예수님의 삶을 적용한다. 비로소 내용을 이해한 그들은 '무척 좋다'는 뜻으로 '엄지 척'을 하며 인사하고 헤어진다. 그중에서도 믿음이 있는 이들은 금방 뜻을 알아보기도 한다. 복음광고를 매개로 한 불신자와의 접촉은 쉬우면서도 해석을 하는 과정에서 자연스럽게 소통이 되니 금상첨화였다. 그 후로도 나는 이 복음광고로 전도를 하며 더 많은 사람에게 성령의 만지심이 임하도록 기도했다.

그 후 얼마가 지나 뉴욕에 갈 일이 생겼다. 당연히 '0+1=100' 복음광고 현수막을 챙겨갔다. 날씨가 화창한 날 뉴욕의 타임스퀘어로 향했다. 화려하고 아름다운 도시를 찾아온 세계 각국의 사람들이 분주히 오가고 있었다. 나는 그들 사이에서 현수막을 폈다.

'Believe in the Lord Jesus and you will be saved.'

그런데 거기서 나는 복음광고에 격하게 공감하시는 한 선교사님을 만나게 되었다. 그 선교사님은 그곳에 있는 사람들에게 내가 편 현수막의 메시지를 보이며 적극적으로 전하고 설명했다. 성령님은 뉴욕 한 가운데서 나와 선교사님을 만나게 하셨다. 복음광고의 효용성을 바로 알게 된 선교사님은 뉴욕에서 정 대표님의 연희동 복음광고 전시회 기간에 맞춰 한국에 갔다가 다시 복음광고로 만든 포스트 전도카드를 3종류로 몇 백 장 인쇄한 후 뉴욕으로 가지고 오셨다. 전도포스트 카드는 미국과 홍콩에서 사용하려고 영문버전으로 만들었고, 곧 중국어 버전도 준비 중이라고 했다. 이처럼 복음광고는 강력한 힘과 빛의 속도로 전 세계에 퍼지고 있다. 복음광고에 주님께서 동행하고 계심을 더 확신하게 되는 계기였다.

이제 사람들은 복음을 말로 전하면 듣지 않고 관심을 보이지 않는다. 대신 소통 없이 혼자 즐기고 마는 미디어와 이미지에는 반응한다. 그렇기에 이 시대에 가장 적절한 전도방법은 달리면서도 볼 수 있게 간결해야 하고 강력하면서도 세련된 복음광고가 해답이라고 확신한다.

복음광고의 가장 큰 효과는 보는 시간의 순간성에 비해 머릿속에서 오래 남는다는 것이다. 예수 보혈을 상징하는 빨간 바탕에 '0+1=100 & 100−1=0'가 있는 복음광고는 영혼들을 향한 강력한 주님의 메시지란 걸 느낄 수밖에 없다. 복음광고는 믿는 자나 믿지 않는 자에게 쉽게 다가갈 수 있는 놀라운 매개체가 된다. 우리 주님은 위대하시고 멋지신 분이다.

머지않아 나는 이스라엘에 갈 계획을 세우고 있다. 나는 통곡의 벽 앞에서 이 '0+1=100' 복음광고 현수막을 또 펴고 펼 것이다. 유대인들이 그토록 기다리는 메시아 유대인의 왕은 예수그리스도라고, 그분이 없으면 Nothing이라고 말이다.

다시 복음광고란

그 시대와 사회의 문화를 알면 사역의 본질과 방향이 보인다.

설교는 듣고 돌아서면 잊어버린다. 금방 들었던 주일 설교 제목도 기억이 나지 않는 것이 현실이다. 이제는 시각 언어를 사용한 시청각으로 복음을 광고한다면 복음의 메시지를 오래 기억하는 동시에, 누구라도 더 자주 더 자연스럽게 예수님을 만나는 접촉점이 될 것이다. 수많은 홍보지와 CF, 생활 구석구석에 침투한 광고 속에서 우리는 왜 복음광고에 집중해야 할까? 세상 기업들을 보라. 그들은 광고에 목숨을 건다. 좋은 광고를 만들기 위해 최고의 실력을 갖춘 광고 전문가를 기용하고, 많은 돈과 시간을 쏟아 붓는다. 자사의 기업 이미지와 철학을 소비자들에게 심어주기 위해 그들은 가장 기발한 아이디어와 독창적인 광고기법을 동원한다. 이유는 하나다. 오직 대중의 눈길을 사로잡기 위해서다.

광고는 사람의 마음에 순식간에 꽂히는 큐피트의 화살과도 같다. 잘 만들어진 광고는 그 파급효과가 실로 엄청나다. 그런데 대다수의 목회자들은 그 중요성을 잘 모르는 듯하다. 복음광고는 일종의 문화사역인데 한국 교회는 아직 그 부분의 인식이 덜 돼있는 것 같다.

한국 교회의 이미지가 안 좋아진 건 누구나 아는 사실이다. 부정적 이미지 때문에 복음의 생명력도 가려지고 있다. 요즘 '안티크리스천'이 얼마나 많이 생겼는가. 그런데 그들을 잘 살펴보면 대부분 신앙은 있는데 기독교에 실망해서 교회를 떠난 '가나안 성도' 들이 많다는 현실이다. 그들에게 다시 기독교의 본질을 상기시켜주는 방법은 설교와 같은 잔소리가 아니라 잘 만들어진 '시각언어'가 대안이 될 수 있다. 기독교에 냉담해진 마음을 성령께서 만지시고, 영적인 울림이 있도록 하는 새로운 도구로써 복음광고가 제격이다.

광고의 파급력은 최근의 영국을 보면 알 수 있다. 무신론자들이 그들의 주장을 무엇으로 전하는가. 광고다. 런던 버스에 부착된 광고 캠페인은 전 세계 해외토픽으로 TV에서도 대서특필되었다.

"아마도 하나님은 없다. 이제 걱정을 멈추고, 당신의 인생을 즐겨라(There's probably no God. Now stop worrying and enjoy your life)"

이 광고 문구는 신앙 없는 많은 사람들에게 쉽게 다가가 궁극적으로는 선교에 큰 악영향을 주고 있다. 무신론자들의 악한 광고가 얼마나 많은 사람들을 잘못된 길로 인도하고 있는지를 생각하면 가슴이 서늘해진다.

그런데 정작 목회자들과 신학자들이 더 복음광고의 중요성을 크게 인지하지 못하는 것 같다. 지금이라도 교회는 복음광고와 같은 문화사역에 신경을 써야 한다. 그리고 여러 방면에서 적극적으로 도와줘야 한다. 거시적인 관점에서 기독교 문화사역이 시급히 확장되어야 하는 이유가 여기 있다.

사람은 책을 만들고 책은 사람을 만든다는 말이 있다. 한 권의 좋은 책이 한 사람의 인생을 바꿀 수도 있다는 의미다. 동일하게 적용하자면 잘 만들어진 한 편의 복음광고가 한 영혼을 살릴 수 있다는 말이 된다.

한국의 웬만한 교회는 건물이 반듯하고 튼튼하게 잘 지어져 있다. 그러나 예배당의 외벽은 건축물의 재료만 그대로 드러나 있을 뿐 그 공간을 이용한 효과적인 선교방법은 눈에 잘 띄지 않는다. 예배당의 외벽을 놀리지 말고, 복음을 광고하는 전시공간으로 쓰자는 캠페인을 전개하고 싶다.

‘0+1=100’ 이라는 복음광고 현수막을 설치한 광주 벧엘교회 리종빈 담임목사님께서 최근에 메시지를 보내주셨다.

7~80년대만 해도 시장엔 빼놓을 수 없던 볼거리가 있었다. 바로 뱀 장수다. 약효는 알 수 없었지만, 목소리를 착 낮추고 효능을 읊어대는 뱀 장수의 말에는 광고의 기본요소가 다 들어가 있다.

"자, 애들은 가라."

이 말이 떨어지면 그때부터 뱀 장수가 하는 말은 소위 19금이라는 뜻이다. 그럼 집에 가야 할 아이들부터 궁금증이 더 생긴다. 뱀 장수는 정확한 광고대상자를 정하고 다시 한 번 핵심내용을 전

광주벧엘교회(리종빈 목사)에 걸린 0+1=100 복음광고 현수막

달한다.

그러면서 갑자기 뱀을 확 들어 올리고 자기 목에 감고 뱀 머리를 손으로 잡았다. 그걸 다시 자기 입 속에 슬쩍 집어넣었다가 빼고 구경꾼들에게 슥 보여주면 사람들은 기겁을 하지만 충격적인 모습에 비례해 호기심이 바짝 생긴다. 긴장과 함께 짜릿한 재미가 유발되는 것이다. 바로 그때 뱀 장수는 귀를 쫑끗 연 사람들에게 느긋하게 한 마디를 던진다.

"자~ 한번 잡숴~봐."

먹어보면 밤에 어쩌고저쩌고 하며 단박에 청중들의 마음을 풀어헤치는 것이다. 뱀 장수가 권한 약을 먹어 본 사람들의 삶이 어떻게 달라졌는지 우리는 확인할 방법이 없으나, 그 말을 듣는 사람에게 이미 뱀 장수의 한 마디는 기대를 갖기에 충분하다.

광고이론 중에는 AIDA 법칙이라는 것이 있다. 그것은 인간이 행동을 일으키기까지는 과정을 말하는데, 주의(attention)하고, 흥미(interest)를 갖고, 욕망(desire)을 느끼고, 행동(action)을 한다는 것이다. 하나의 상품을 소비자에게 접근시켜 지갑을 열게 하고 구매로 이어지도록 행동하게 하는 게 광고의 변하지 않는 프로세스다.

칼은 누구의 손에 있느냐에 따라 결과가 달라진다. 의사의 손에 있으면 생명을 살리는 치유도구로, 강도의 손에 있으면 사람을 죽이는 범죄도구로 쓰일 것이다. 광고도 마찬가지이다. 고객의 지갑을 열게 하는 '상업 목적'의 용도로만 쓰느냐, 죽어 가는 생명을 살리는 '영혼 구원'의 선교로 쓰느냐에 따라 삶의 열매가 달라진다. 이를 위해서는 복음 전파 방법에 대한 고정관념에서도 벗어나고, 전통적인 생각과 조금만 달라도 손가락질 하거나 반대하는 틀에서도 과감히 벗어나야 한다.

복음광고를 하는 목적

"광고는 거짓말이다."

일본에서 가장 큰 광고회사에 다녔던 한 젊은 광고인이 자살하며 남긴 말이다. 모든 직업인이 마찬가지겠지만, 한 페이지의 명장면이나 15초의 광고를 만들기 위해 애쓰는 광고인들은 특히 중노동자이다. 기획 단계부터 광고로 만들어지기까지의 과중한 업무와 스트레스가 소위 장난이 아니다.

소비자의 지갑을 열게 하기 위해 자극적인 매개체를 사용한 지는 이미 오래 되었다. 대표적인게 과장광고와 물질만능주의적인 가치관을 이용하는 것이다. 단, 아주 멋지게 포장해서 마치 그것이 없으면 이 세상에서 도태되거나 존재감 없는 사람이 된다는 식으로 현혹한다. 광고인들은 고객들을 기분 좋게 지갑을 열 수 있도록 재밌고 멋진 광고 하나를 만들기 위해 몇 날 며칠 밤을 하얗게 새운다.

그러나 그렇게 만든 광고 작품도 세상에 공개되었을 때는 손에서 빠져나가는 한 줌의 모래보다 더 빠르게 평가 받는다. 호평을 받아 각인이 되거나 무관심으로 바로 잊히는 것이다. 그 판단의 시간은 겨우 0.3초다. 그 광고에 반응이 없으면 아무리 엄청난 비용을 지불하고 첨단 기법을 썼다 해도 바로 휴지통으로 들어가게 된다. 지갑을 열기 전까지 최고의 서열에 있는 소비자들은 광고의 설득시간을 인내하지 않기 때문이다. 그러다보니 더욱 더 자극적이고 과장된 표현을 동원해서라도 소비자를 부추겨야 하는 것이 광고인들의 숙명이다.

물론 성능 좋은 자동차, 넓고 쾌적한 아파트, 새로운 디자인의 옷, 단점을 가리고 없던 장점도 만들어내는 성형외과 등 수많은 광고는 현대인의 삶의 질을 높이는 데 기여하기도 한다. 그러나 섹스어필과 물질숭배주의의 목적을 깔고 시작하는 세상 광고에 무의식적으로 반복 노출되면 문제가 심각해진다. 타인과 비교하지 않고 자신만이 지녀왔던 고유의 가치관이나 신념이 어느 새 송두리째 흔들리기도 한다. 필요는 사치로 둔갑하고, 멋은 허세로 둔갑해 계속 광고에서 떠들어대는 삶에 끌려가게 만든다.

그럼 착한광고는 없는 걸까? 죽어가는 영혼들을 살리는 생명구원의 광고, 진리를 모르는 사람들에게 진리를 깨달아 알게 하고 자유하게 하는 광고 말이다. 안타깝게도 상업광고에서 그런 목적을 기대하는 건 애당초 말이 되지 않는다.

그래서 지금 우리에게 필요한 것이 복음광고다. 불특정 다수의 사람들에게 진리의 메시지를 알릴 수 있는 그런 광고가 절대적으로 필요한 시대다. 한 편의 광고로 세상에 선한 영향력을 미치는 광고는 얼마나 위대하고 아름다운가.

복음은 이 세상 땅 끝까지 전파되어야 할 예수님의 지상명령이다. 누군가 꼭 해야 할 일이라면 바로 내가 할 수 있지 않을까. 나 역시 그러한 마음으로 지금까지 달려왔다. 반대로 그런 나는 바로 당신이 될 수도 있다는 말이다. 복음에 빚진 우리이기에 복음광고에 내 돈 들어가는 걸 두려워하면 어불성설이다. 풍족하든 비어 있든 후원이 있든 자비량이든 복음광고는 계속 만들어져야 한다.

아무리 강도라 한들 제 아들이 생선을 달라고 하는데 뱀을 줄 아버지는 없다. 하물며 나의 광고주가 우주만물을 창조하신 하나님 아버지라면 이 세상천지에 이보다 더 든든한 백그라운드가 어디에 있겠는가.

고비 고비마다 매번 죽을 만큼 힘들 때가 적지 않았다. 그러나 나보다 더 나를 잘 알고 계시는 하나님은 복음을 광고하는 데 필요한 모든 것을 채워주셨다. 그동안도 힘들었고 앞으로도 힘든 일은 있을 것이다. 그럼에도 상업광고 사업을 포기하고 복음광고 앞에 항복해 버린 나 자신을 칭찬하고 지지한다. 이 땅에 천국을 확장해 가시는 아버지의 사업에 쓰임 받는 것보다 더 귀하고 가치 있는 일은 없을 테니까.

광고란 사람들의 마음을 움직이는 기술이다. 선교란 예수님을 알지 못하는 사람들의 마음을 헤아리고 이끄는 기술이다. 마음을 움직이려면 진정성이 있어야 한다. 복음과 광고는 어떤 측면에서 한 몸과도 같다.

비행기가 활주로만 왔다 갔다만 한다면 무슨 소용이 있겠는가? 비행기는 하늘로 뛰어 올라야 날 수 있다. 활주로를 힘차게 달려야만 높은 창공으로 날아오른다. 하늘을 날아 목적지까지 안전하게 착륙하는 것이 비행기의 목적이다. 우리의 신앙생활도 마찬가지다.

교회의 머리이시요 주인 되시는 예수 그리스도를 만났으면 예수님의 제자가 되어 살아야 한다. 교회 안에만 머물며 종교놀이만 하지 말고, 성령 충만함과 사명을 받아 자신의 각 영역에서 삶으로 복음을 전해야 한다. 때를 얻든지 못 얻든지 예수님의 지상 명령인 복음을 전파하는 일이 우리에게는 가장 우선순위인 것이다.

이 백성들의 마음이 우둔하여져서 그 귀로는 둔하게 듣고 그 눈은 감았으니 이는 눈으로 보고 귀로 듣고 마음으로 깨달아 돌아오면 내가 고쳐 줄까 함이라 하였으니 그런즉 하나님의 이 구원이 이방인에게로 보내어진 줄 알라 그들은 그것을 들으리라 하더라 (사도행전 28:26-27)

예수 광고쟁이의 꿈

1970~80년대 우리나라의 예술문화는 교회의 덕을 많이 봤다. 교회는 많은 청소년들에게 '문학의 밤' '음악회' 등을 통해 연극과 음악 등 새로운 문화를 접하게 하고 전문교육까지 시켜주었다. 그렇게 훈련된 지식인들과 예술가들이 세상으로 배출되고 다시 교회를 섬기며, 마치 태어난 고향으로 회귀하는 연어처럼 세상이라는 바다와 교회라는 고향을 연결해왔다. 광고인들도 이런 선순환 작용을 하면 얼마나 좋을까 생각해 본다.

나에게는 꿈이 하나 있다. 지난 17년 동안 골방에서 기도하며 만든 100여점의 작품을 이용해 '예수 갤러리'를 만드는 것과 '크리에이티브 미션센터'를 설립하는 것이다.

2018년 5월초 폐암 수술 후 요양 차 간 제주에서 제임스김 목사님의 섬김으로 아름다운 숲길과 바닷가를 산책했던 일이 있었다. 많은 비전을 나누고 목사님께서 추천하는 '김영갑 갤러리'에도 다녀왔다. 폐교를 이용한 아름다운 갤러리를 둘러보는데, 마음 가운데 나를 통해 일하실 '하나님의 꿈'이 꿈틀꿈틀 살아나는 것을 보았다. 푸른 들판에서 한가로이 풀을 뜯고 있는 말들을 보며 시편 23편 말씀이 생각났고, 내 입술에선 찬양이 흘러나왔다. 양떼가 있는 푸른 초장과 쉴만한 물가가 떠오르며 '예수 갤러리'가 그려졌다.

기상청 설립 이래 100여년 만에 가장 무더운 폭염을 기록했던 8월의 여름, 책 마지막 장을 집필하고 있는데 주전자(주님을 전하는 자) 이지현 목사님께서 여수로 초대해 주셨다. 마침 복음광고 '가을전어' 편 사진촬영을 숙제로 남겨놓고 있었는데 전어를 촬영할 수 있다는 말에 바로 여수로 출발했다. 여수 밤바다의 풍경과 좋은 분들과의 교제를 통해 모처럼만에 행복한 휴식을 가졌다. 아름다운 여수돌산을 일주하다보니, 새로 생긴 화태대교가 바다와 함께 어우러져 장관이었고 이곳에 예수갤러리가 세워진다면 국내의 어느 장소보다 좋은 입지조건이 될 거라는 생각이 들었다. 요나의 물고기를 형상화 한 예쁜 건축물로 '예수 갤러리'와 '크리에이티브 미션센터' 설립을 놓고 간절히 기도하고 있다. 복음 광고인으로 내 인생의 마지막을 이 크리에이티브 미션센터에서 다음 세대 크리스천들을 복음광고인으로 키우고, 세계 복음화를 위해 강력한 복음이미지를 만들면 어떨까 싶었다. 그것으로 최전방 선교지의 선교사님들과 미자립교회 등을 섬기고, 기독교 전도용 문화상품들을 개발하여 자립할 수 있도록 하는 것이다.

프랑스 칸 광고제에서 회심한 이후, 나는 복음광고 문화사역으로 많은 사람들을 주님께로 돌아오게 하는 접촉점이 되길 소망해 왔다. 하지만 현실적으로 내겐 아무것도 가진 게 없다. 그저 주님께서 허락해 주시면 시작하겠다는 꿈을 품은 채 기도하고 있다.

지난 5년 동안 40여 차례의 복음광고 전시회를 하면서 주님께서 내게 주신 마음은 아름다운 여수시가 프랑스 칸 광고축제의 장이 되는 것이다. 매년 여수에서 국제기독교복음광고제를 열어 전 세계의 크리스천 광고쟁이들이 작품으로 하나님 나라 축제운동을 펼치기만을 갈망하고 있다.

혼자 가면 빨리 갈 수는 있지만 오래 갈 수는 없다. 이 복음광고 문화사역을 위해 같이 중보기도하며 관심 있는 분들이 함께 간다면 오래 갈 수 있다.

'여수시를 예수시로' 라는 슬로건으로 돌산 바닷가에 요나의 고래처럼 예수 갤러리가 아름답게 세워지길 간절히 기도한다.

하나님이 주신 비전 안에서 기존에 있는 이 지역의 기독교 성지들과 연계하여 기독 테마파크로 발전시켜 나갈 수 있을 것이다. 동양의 나폴리라는 여수를 예수 복음광고의 전진기지로 삼아 성령의 태풍이 불게 하는 꿈이다.

지혜 있는 자는 궁창의 빛과 같이 빛날 것이요 많은 사람을 옳은 데로 돌
아오게 한 자는 별과 같이 영원토록 빛나리라 (다니엘 12:3)

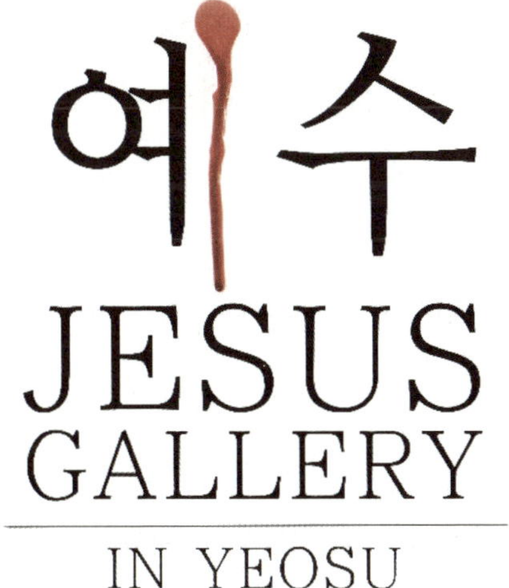

나의 비전을 듣고 포스터로 만들어 준 동역자 이재무 크리에이터

'기발한 아이디어로 예수님을 전하는 광고장이'

사람들이 내게 붙여준 별칭이다. 나는 이 이름을 살짝 바꾸고 싶다. 문자로는 단어의 한 음절만을 바꾸었을 뿐이지만, 의미로는 전부를 고친 것과 같다.

'하나님이 주신 영감으로 예수님을 전하는 예수 광고쟁이'

'장이'가 생계를 위한 전문기술을 업으로 삼는 직업의 명칭이라면 '쟁이'는 사명과 신념을 따라 사는 사람이라고 생각한다.

나는 살고 죽는 것에 대한 염려와 내 뜻대로의 기대를 내려놓았다. 주님은 매순간마다 내가 삶의 모든 염려를 기도 뒤로 던져버리도록 이끄셨다. 내게 주신 단 하나의 재능을 통해 복음 전파를 시작하신 하나님의 계획, 그 사랑의 명령에 순종하는 일이 내 마지막 바람이다.

지금도 나는 하루의 첫 시간을 주님께 드린다. 새벽 예배와 기도를 통해 주님의 얼굴을 구하며 그분에게서 받은 영감을 작품 속에 녹여낸다. 또한 주님의 골방에 머무는 그 공간과 시간 위에서 하루를 살아낼 힘을 얻는다. 바라고 확신하건대, 나는 앞으로도 예수 광고쟁이, 즉 '복음을 광고하는' 문화 사역자로 살아갈 것이다. 밭에 감춰진 보화는 발견하는 사람만 보게 된다. 진리는 찾는 사람만 보게 된다는 말이다.

광고 '장이'가 예수 광고 '쟁이'로 서기까지 가장 든든한 버팀목이 되어준 분들께 감사를 드린다. 사랑하는 아내와 두 아들, 양가 부모님의 기도와 격려, 그리고 이 책을 만들 수 있도록 도움을 주신 분들과 영향을 주신 많은 멘토와 동역자들에게도 감사를 드린다.

진리는 '볼(see)' 수 있는 사람만 '볼(know)' 수 있다. 복음광고를 '보는' 사람은 끝내 예수님을 '만나게' 될 것이다.

예수께서 이르시되 내가 곧 길이요 진리요 생명이니 나로 말미암지 않고는 아버지께로 올 자가 없느니라(요한복음 14:6)

Speciai thanks to...
이명수 김무정 최성용 한성환 한치호 봉은희 주승민 박종민 김동일 서민혁 유제필 이승주 나정희 김만호 김정호 김인환 김순구 이재무 이미진 이미희 김금자 이지현 김유리나 김선이아 서민경 이광진 허영미 박춘희 박해익 박진원 김수정 최윤정 임종혁 김정욱 빅토리아 김태군 신두식 오광석 이성인 이성철 이용구 이종희 최고은 최옥규 황성용 양민호 정철문 임영미 박상욱 서명화 최권능 이미숙 최정훈

정 기 섭 (Ki Seob Jeong)

1963. 생

1990. 02. 광주대학교 시각디자인학과 졸

1994. 09. JAD 광고회사 설립

2000. 10. 조선일보광고대상 자동차부문 '해머' 입상

2001. 05. 미국클리오광고제 '파이널리스트'

2001. 06. 프랑스칸광고제 광고 출품하고 참관, 전시장에서 거듭남

2002. 09. 제이애드 신사동에서 새롭게 제2의 출발

2005. 10. 대한민국공익광고대상 '수의에는 주머니가 없습니다' 입상

2009. 12. JAD로 CI 변경 및 상업광고 접고 '복음광고' 사명에 올인

2007~2012 프랑스 칸 광고제 '복음광고' 출품 및 전도여행

2013. 02. 명동 청어람(김동호 목사) '예수' 복음광고 국내 첫 전시회

2013. 03. 파주 한소망교회(류영모 목사) 갤러리 2층,
　　　　　　 일시: 2013. 2. 24.(주일) ~ 3. 31(부활주일)

2013. 05. 순천 기독교역사박물관 1층 전시실, 일시: 2013. 5. 1~ 5. 31

2013. 05. CBS TV 기독교방송 새롭게하소서 '골방기도의 광고쟁이'출연

2013. 06. 동숭교회 대학로 에츠카페 전시실 일시:2013. 6.1~ 7.7
　　　　　　 복음광고 전시회 및 '77콘서트' 동숭교회 대학로 에츠카페

2013. 07. 김포명성교회 '전시회 및 간증 집회' 2013. 7.20~ 7.30

2014. 06. 23 ~30. 유럽 최초로 스페인 톨레도 가톨릭 주교미술관
　　　　　　 복음광고 전시회 및 마드리드 한인교회연합 3일간 간증 집회

2014. 07. 05 ~ 08. 프랑스 파리침례교회 복음광고 전시회

2014. 12. 01 ~15. FEBC서울극동방송 극동갤러리 복음광고 전시회

2015. 01. 01 ~ 01. 31. 굿루쓰 갤러리에서 복음광고 초대전

2015. 03. 16 ~ 04. 17. 파주출판단지 김영사 갤러리 초대전

2015. 04. 18 ~ 05. 05. 원미동교회 갤러리 오픈 초대전

2015. 10. 20~11. 19. 제주성안미술관 초대전

2016. 01. 02 ~02. 07. 성북동 갤러리교회 초대전 및 집회

2016. 05. 12 ~25. 터키 2016연합중보기도회 초청 카파도키아,
　　　　　　 앙카라, 이스탄불 복음광고 게릴라 순회전시

2016. 06. 04 ~25. 1차 미국방문 L.A아주사세계선교대회 초청 복음광고 전시회

2016. 07. 02 ~ 09. 05. 2차 미국방문

　　　　뉴욕교협주최 '할렐루야대회' 초청 복음광고 전시회(뉴욕 프라미스교회)

　　　　뉴욕성결교회, 와싱톤중앙장로교회, 워싱턴열린문교회, 아틀란타한인교회,

　　　　아틀란타 쟌스크릭교회, L.A주님의영광교회, L.A생명찬교회, L.A월드미션신학교

　　　　채플강의 및 전시회, 미주복음방송 인터뷰, 시애틀형제교회 등

　　　　대표적인 미국한인교회 순회투어 복음광고전시회 및 복음광고 집회

2016. 11. 05 ~19. 일산 거룩한빛광성교회(정성진 목사) 복음광고 전시회 초대전

2017. 06. 20 ~ 07. 10. 아프리카 탄자니아 선교사대회 초청 복음광고 전시회 및 강사

2017. 11. 01 ~ 11. 30. 연희동 원천교회 복음광고 전시회 초대전 및 집회 초청

2018. 01. 21 ~ 03. 11. 광주포도원교회 복음광고 전시회 및 집회 초청

2018. 01. 29 ~ 02. 07. 미국LA 제10차 세계교육선교대회(나성영락교회) 복음광고 전시회 초청

2018. 05. 16 ~ 22. 중국 상해 문화탐방 및 집회 초청

주요 기독교TV방송 출연 및 언론 인터뷰 기사들 모음

▷ 국내 최초 '복음광고' 전시회 열린다 (국민일보 2013. 2)

▷ CBS TV기독교방송 '새롭게하소서' 광고쟁이의 골방기도 정기섭 (2013. 5)

▷ C3기독교 TV '매일 주와 함께' 88회 정기섭 대표 편 (2014.12)

▷ CBS기독교TV 착하고 예쁜 2015년 달력들 (노컷뉴스 2014. 12)

▷ 기독공보 인터뷰 기사 (2013. 3) 예수를 세상에 외치다, 천 마디 말 아닌 한 줄 카피로

▷ 런던올림픽 복음 전도지 義手 화가가 그리고 기독광고 전문가가 만들고… 석창우 화백 정기섭

　크리에이터 (국민일보 2012.7)

▷ [얼굴] "내 광고주는 하나님"… 복음광고로 외길 '제이 애드' 대표 정기섭 (국민일보 2014.12)

▷ '눈에 확 ! 머리에 쏙~'… 복음광고, 디자인을 입다 (국민일보 2010. 12)

▷ CGN TV 강석우, 윤유선 "하늘빛향기" 정기섭 대표 편 (2015. 8)

▷ GoodTV기독교복음방송 "매일 주와 함께" 정기섭 대표 편 (2014. 11)

JESUS YOU